Primo piano

Giovanni Scotto Emanuele Arielli

La guerra del Kosovo

Anatomia di un'escalation

Editori Riuniti

I edizione: ottobre 1999
© Copyright Editori Riuniti
Via Alberico II, 33 - 00193 Roma
ISBN 88-359-4778-2

Indice

9   *Introduzione*

13   1. Le dinamiche dell'escalation

29   2. Il Kosovo e la dissoluzione della Jugoslavia socialista: 1981-90

48   3. Discriminazione e resistenza nonviolenta: il conflitto in Kosovo dal 1990 al 1995

64   4. La «comunità internazionale» e il Kosovo dalla dissoluzione della Jugoslavia socialista agli accordi di Dayton

76   5. La quiete prima della tempesta. La fortuna di Milošević in occidente (1996-97)

90   6. Il conflitto e l'escalation coercitiva

101   7. La guerra nel Kosovo: gli eventi del 1998

113   8. La Nato: «mutazione genetica» di un'alleanza

123   9. Kosovo Verification Mission (ottobre 1998 - marzo 1999)

133   10. Rambouillet

145   11. La guerra·

158   12. La guerra e le sue conseguenze

174   13. Bilancio dell'escalation

183   14. La discussione sulla legittimità, il diritto
        internazionale e la «moralizzazione» della guerra

199   15. La guerra del Kosovo e oltre: lezioni e riflessioni

209   *Bibliografia*

Introduzione

> Si dice spesso (e lo si dimentica ancora piú spesso...) che la guerra nell'ex Jugoslavia è cominciata nel 1981 nel Kosovo. E che finirà nel Kosovo. Il Kosovo è dunque un «crimine annunciato», e i «crimini annunciati» sono i piú terribili di tutti.
>
> Ismail Kadaré, Kosovo. «Le crime annoncé», *Esprit*, giugno 1993

È certo che la guerra del Kosovo è stata *prevista*. La questione decisiva è se l'escalation che ha portato all'intervento Nato del 24 marzo 1999 fosse *evitabile*.

Nella prima notte di bombardamenti, la cosiddetta «comunità internazionale» ed in particolare l'Europa vengono scosse all'improvviso da una rivelazione: è scoppiata un'altra guerra sul continente europeo. Una sorpresa che è rivelatrice della disattenzione verso un conflitto che non è scoppiato nel 1999 o nel 1998, quando per la prima volta si è parlato diffusamente di «Kosovo», ma che ha seguito un suo complesso ed evitabile processo di escalation nei decenni precedenti.

L'escalation nel Kosovo è stato un percorso in cui progressivamente le possibili vie alternative di soluzione si sono chiuse fino a giungere ad una conclusione estrema, quella di condurre una guerra aerea i cui effetti sono stati piú dannosi che utili. Oggi si tende ad evitare la riflessione sulle alternative del passato, svalutandole come un esercizio a posteriori inutile e affermando che non c'erano alternative reali.

Scopo centrale di questo libro è di fare luce su questo processo, cercando di offrire sia una descrizione degli eventi, sia alcuni strumenti teorici per comprendere le dinamiche escalative nei due conflitti paralleli che si sono svolti: quello antico tra serbi e albanesi e, a partire dal 1998, quello tra Nato e Jugoslavia.

Il leader serbo Milošević è indubbiamente colui che ha sfruttato e provocato gli odii tra gruppi nell'intera regione, ma spesso si cerca di offuscare le responsabilità delle altre nazioni additando nel «dittatore» di Belgrado l'origine di tutti i mali, compresi i passi falsi e le dimenticanze commesse.

In realtà, la guerra del Kosovo del 1999 può essere considerata il risultato tragico dell'incontro tra due «sistemi di guerra»: quello del regime jugoslavo, legato alla figura di Milošević, e quello rappresentato dalla Nato. Il primo esercita il mezzo «primitivo» della repressione nazionalista e dell'odio «etnico» verso l'esterno per consolidare il proprio potere all'interno. Il secondo fa uso della *strategia della minaccia* come mezzo di coercizione in una tendenza progressiva a sottrarsi dai vincoli delle istituzioni internazionali come l'Onu.

La relazione tra i due conflitti (serbi-albanesi, Nato-Jugoslavia) rivela la sua complessità se si tengono presenti tre livelli di osservazione: il problema del Kosovo, quello dell'intera regione dei Balcani ed infine dei rapporti internazionali. Su tutti e tre i livelli la guerra ha lasciato una traccia profonda, provocando seri dubbi che si sia «risolto» veramente qualcosa.

Nel presente testo si cerca di offrire una prospettiva in grado di evidenziare i momenti chiave, gli eventi che hanno inasprito ed esteso il conflitto e le possibili alternative *non* intraprese. Per far questo si dà centralità al concetto di escalation, partendo dai princípi generali e teorici per poi riferirli ai fatti concreti.

Segue un bilancio conclusivo, in relazione anche al dibattito sulla legittimità dell'intervento Nato, e una riflessione sulle conseguenze e sulle prospettive future a tutti e tre i livelli (locale, regionale, internazionale). Viene discusso il fondamentale dilemma tra la difesa dei diritti umani e la difesa del diritto internazionale.

Lo scopo di questo libro non è dare risposte, ma tenere vive domande. Si vorrebbe stimolare una riflessione sui fatti accaduti, sperando che sempre piú persone si confrontino con le questioni che qui abbiamo cercato di provocare.

Si ringraziano: il Centro di ricerca Berghof per la Gestione co-struttiva dei conflitti di Berlino e Gregor Ohlerich; Nuho e Jasmina Redžepović; Anja Baukloh; Toni e Renata De Martin Topranin; Mauro Cereghini dello Iupip (università della pace) di Rovereto; Andrea Licata; Luca Bregantini dell'Isig di Gorizia; Paolo Legrenzi. Un ringraziamento particolare va ad Alberto L'Abate, dell'università di Firenze, esperto del Kosovo e per anni impegnato in una soluzione pacifica del conflitto. La Fondazione Heinrich Böll ha sostenuto il lavoro di ricerca di Giovanni Scotto.

1. Le dinamiche dell'escalation

Il 26 aprile del 1988 è annunciata una conferenza dell'economista croato Branko Horvat all'università di Belgrado. Horvat è autore di un libro che ha suscitato grande interesse in Jugoslavia, *La questione del Kosovo*, in cui tratta i problemi della provincia piú arretrata del paese fuori dagli schemi ideologici. La sala è gremita, l'intervento di Horvat è molto atteso.

L'oratore sta per iniziare la conferenza, quando improvvisamente un gruppetto di persone si alza in piedi e inizia a insultarlo: «ustascia, fascista!», «amico degli albanesi!». L'intellettuale di Zagabria è di famiglia ebrea, ed è scampato per poco all'olocausto ai tempi del regime fascista in Croazia. In silenzio abbandona il palco e rinuncia alla conferenza. L'interruzione è guidata da un nazionalista radicale ancora non molto noto fuori da Belgrado, Vojislav Šešelj (*Tageszeitung* 1988).

Alla fine degli anni ottanta, il Kosovo era un tema politico di enorme interesse per tutta la Jugoslavia. La contestazione a Horvat si inseriva in un processo di acutizzazione del conflitto iniziato con l'ascesa al potere di Slobodan Milošević nel 1986-87. Come vedremo piú avanti (cap. 2), il conflitto tra albanesi e autorità serbe è strettamente connesso alla disintegrazione della Jugoslavia socialista.

Nei dieci anni trascorsi da questo episodio, il conflitto si è radicalizzato. In Kosovo, all'abolizione dell'autonomia e allo stato di emergenza proclamato dalle autorità serbe il movimento nazionale albanese ha risposto con il boicottaggio delle istituzioni e la costruzione di uno «stato parallelo», creando una situazione di stallo durata anni. Nella primavera del 1998, infine, è scoppiata la guerra, la quarta in sette anni nello spazio postjugoslavo. Con l'intervento militare della Nato, esattamente un anno piú tardi, il conflitto ha assunto una dimensione del tutto nuova.

Il susseguirsi degli eventi che negli scorsi dieci anni hanno portato alla guerra del 1998-99 può essere compreso meglio se analizziamo le caratteristiche del conflitto nei termini di un processo, e piú in particolare dal punto di vista dell'*escalation*.

Origine del concetto

Il termine «escalation» è la traduzione contemporanea dell'inglese *escalation*, una parola relativamente recente anche per gli anglosassoni. Il suo uso si diffuse e consolidò dopo la seconda guerra mondiale ed in particolare tra gli anni cinquanta e sessanta, in epoca di guerra fredda.

L'intero pensiero sull'escalation della seconda metà di questo secolo è basato sulla teoria della deterrenza nucleare e questo è il suo limite piú profondo. Durante la guerra fredda era convinzione diffusa che un conflitto bellico tra superpotenze avrebbe portato con molta probabilità ad uno scontro totale. Si parlava a questo proposito della possibilità di guerre e attacchi «limitati», di controllo reciproco dell'escalation, sottolineando la netta differenza tra un conflitto condotto con armi convenzionali ed uno con armi nucleari. L'errore fu quindi di pensare che una guerra «convenzionale» come quella del Vietnam non avesse i caratteri costrittivi e incontrollabili di una guerra nucleare, ma che fosse al contrario qualcosa di liberamente gestibile.

L'escalation è fatta di «soglie» che la rendono simile ad un processo non continuo, ma fatto di salti di qualità. In una determinata fase dell'escalation una soglia rappresenta per i due attori in conflitto un margine di sicurezza re-

ciproco, un *non plus ultra*, che ha la forma di un imperativo implicito (ad esempio, «Non si bombardano i civili!», «Non si usano armi chimiche!»). Ma la soglia è anche un limite che se oltrepassato è difficile ripercorrere al-
l'indietro, se non impossibile: è un cosiddetto «punto di
non ritorno».

Le soglie escalative hanno dunque molti punti in comune con quelle azioni che determinano un impegno irrevocabile come nel caso dell'espressione di una minaccia
(cap. 6). L'escalation è dunque un percorso in cui progressivamente le diverse possibilità di azione si restringo-
no sempre piú fino ad una conclusione che appare forzata, senza altre opzioni. Che ad un certo punto non esista-
no piú alternative, è una questione spinosa al centro della presente riflessione sul conflitto del Kosovo. Ma una
cosa è certa: se una fase escalativa presenta delle restrizioni di libertà rispetto ad una fase precedente, tuttavia,
escludendo gli errori fatali, la *scelta di oltrepassare la soglia è sempre frutto di una decisione intenzionale*. Bisogna
quindi diradare una confusione molto frequente: se si
può sostenere che «non ci sono piú alternative» nel ritornare da una fase escalativa a quella precedente, è un errore affermare che «non c'è alternativa» nel passare da
una fase a quella superiore. Ma questo fatto viene dimenticato perché una volta che ci si trova nella fase superiore
domandarsi su come ci si è arrivati viene ritenuto super-
fluo, se non insidioso, e altre sono ormai diventate le
priorità.

Un'arma a doppio taglio

Ci sono in realtà due modi di intendere il fenomeno
escalativo. Il primo vede l'escalation come strumento
strategico, come processo controllato e condotto per ottenere determinati fini. Una punizione graduale o l'aumento del numero di danni sono operati per costringere
una parte ad un determinato atteggiamento. La gradualità
dell'escalation permette di «stringere la vite» progressivamente ed eventualmente «allentarla» quando si vuole.

Una seconda accezione vede l'escalation piuttosto come l'effetto di un processo, per lo piú non voluto, in cui l'intensità e la violenza di un conflitto crescono fino a diventare a un certo punto incontrollabili, presi in una dinamica automatica e irreversibile.

L'esempio del Vietnam mostra questa duplicità di accezioni: da un lato l'escalation graduale è stata usata come mezzo per imporre la volontà e dall'altro vi è stato un processo di coinvolgimento e di intensificazione da cui non si poteva piú uscire. Tra i motivi che portano un'escalation dal primo al secondo tipo è il modo erroneo del suo uso come strumento strategico e la separazione netta tra questi due tipi: uno degli errori di valutazione che ha portato alla guerra del Vietnam è stato credere di poter far uso della pressione militare come di un interruttore che si potesse attivare e disattivare in qualsiasi momento a piacimento (Thies 1980). Lo sbaglio di questa visione semplicemente «strumentale» consiste nel fatto che si trascurano la *reputazione* e l'*impegno* preso come fattori che costringono a continuare un determinato corso di azioni. L'escalation è uno strumento facilmente attivabile ma difficilmente disattivabile: vedremo che l'impegno della Nato a partire dalla metà del 1998 presenta proprio queste caratteristiche.

L'escalation non è solo quella che avviene una volta che un conflitto armato è scoppiato, e non consiste dunque nella semplice intensificazione della violenza e nell'estensione degli obiettivi da distruggere. Un elemento ancor piú rilevante è il processo escalativo che precede un eventuale passaggio ad una guerra, la quale in fondo è solo una fase di arrivo. Il processo che ha portato alla guerra in Kosovo (nel 1998 e nel 1999) è durato almeno un decennio.

La «corsa agli armamenti» nucleari è stato l'esempio di escalation – non sfociata in un conflitto aperto – nella guerra fredda. Era una situazione in cui dominava il cosiddetto «dilemma della sicurezza», dove ogni parte non desiderava impegnarsi in una guerra e tuttavia si preparava ad essa nel timore che l'altro potesse attaccarla. L'altro osservando tali preparativi si sentiva a sua volta minacciato e dunque spinto a rafforzare ulteriormente il suo potenziale bellico e cosí via. L'escalation dovuta al dilemma della sicurezza ha il carattere di un processo per lo piú incontrollabile: nessuno vuole aumentare il grado di rischio di un conflitto ma ognuno è portato a farlo perché vede che anche l'altro lo fa. Lo stesso accade quando due fazioni – ad es. serbi ed albanesi – si trovano progressivamente coinvolti in una spirale del sospetto reciproco favorita da una cultura della faida e dell'ostilità tra gruppi familiari.

Due significati di escalation

La «inapplicabilità» (pena la distruzione totale) della tecnologia nucleare durante la guerra fredda ha paradossalmente trasformato il concetto di «forza militare» in «forza psicologica», aumentando in modo unico nella storia il ruolo dello strumento militare in funzione deterrente e non piú semplicemente distruttiva. In un panorama dove sempre piú attori sono dotati di mezzi di distruzione di massa, le guerre vengono piuttosto utilizzate in senso «limitato» per *indurre un attore a determinati comportamenti*. Le guerre tra Stati del passato erano prevalentemente guerre di aggressione e sottomissione, mentre invece le guerre contemporanee sono strumenti della «diplomazia coercitiva», fatte di minacce, avvertimenti, spostamenti di truppe, alleanze, miranti non a distruggere le capacità dell'avversario ma a indurlo a una particolare scelta e comportamento.

Mentre da un lato le guerre combattute dagli Stati assumono sempre piú le caratteristiche di guerre coercitive, assistiamo dall'altro al proliferare di conflitti bellici a livello di gruppi minori, spesso costituiti su base etnica o confessionale, di tipo assai distruttivo e spesso particolarmente sanguinosi.

Questo ci porta a vedere l'escalation sotto due ottiche differenti: quella «classica», fondata sull'aumento progressivo di ostilità tra due parti in contatto, fino ad arrivare alla reciproca demonizzazione, aggressione e distruzione (come nei conflitti etnopolitici), e quella «coercitiva», fondata sulla strategia di un attore che vuole indurre un altro a un determinato comportamento.

Per comprendere la differenza essenziale tra queste due forme di conflitto e di escalation, occorre tenere conto della situazione internazionale attuale, sempre piú fatta di attori tra loro intrecciati e interdipendenti. Spesso si parla di una tendenza alla dissoluzione del concetto di Stato sovrano e dell'assoluta libertà di una nazione nella sua politica estera ed interna. Dunque di una sua perdita di potere. Questo è vero da un lato, ma non tiene conto di un altro aspetto che può essere chiarito distinguendo due caratteri del concetto generale di *potere*.

In termini molto semplici il potere è la capacità di esercitare la propria volontà eventualmente contro o nonostante altre volontà contrarie (è una definizione rappresentata ad esempio da Max Weber). Siamo nella dimensione del «poter fare». Se il «poter fare» assoluto fosse generalizzato a tutti gli attori di un gruppo, saremmo in una situazione di anarchia. Una condizione di questo genere può essere limitata attraverso una restrizione del «poter fare» che potremmo chiamare la capacità di «non far fare». Questo è già un tipo di potere limitante, per certi versi coercitivo.

Qui siamo di fronte al secondo carattere o tipo di potere. Il primo riguardava la possibilità di un attore di esercitare la propria libertà. Ora invece si tratta della capacità di un attore di «far fare» qualcosa a qualcun altro (o «non far fare», che è la stessa cosa). Il potere di un soggetto, ma anche di una norma astratta, di far qualcosa agli altri determina la costituzione di un ordine a partire da uno stato di anarchia.

Considerate queste due definizioni di potere potremmo allora dire che nel sistema degli Stati nazionali vi è la tendenza alla riduzione di un «poter fare» indiscriminato, ma questo non significa che il potere degli Stati sia in diminuzione, in quanto resta il potere inteso come «far fare», quello di tipo coercitivo.

Questa distinzione, che può apparire astratta, serve per chiarire in modo netto la differenza di natura dei *tipi* di conflitto (e della relativa escalation) che corrispondono a queste concezioni del potere. Una guerra di conquista o una guerra che ha come obiettivo la distruzione dell'avversario è una manifestazione di semplice «poter fare». Una guerra etnica e la forma di escalation che la caratterizza è un caso esemplare di attori che esercitano reciprocamente questa pretesa libertà di agire sull'altro.

A livello internazionale si assiste invece, come si è detto, ad una preponderanza dei conflitti coercitivi. A questo proposito si parla talvolta in modo enfatico di «guerre del futuro», dall'aspetto sempre piú poliziesco e sempre meno tradizionalmente militare. Il fatto che i conflitti coercitivi appartengano alla categoria del «far fare» li lega intimamente all'idea di una loro funzione di limitazione dell'*anarchia* internazionale nella direzione di un sistema di diritto e di norme globale. Anche una legge è qualcosa che induce a fare (o non fare). Da qui nasce un'analogia oggi spesso tracciata tra l'uso della forza coercitiva e l'applicazione di un «diritto», analogia che però rischia pericolosamente di non tenere conto di importanti differenze (v. cap. 14).

La spirale dell'ostilità

Abbiamo chiarito la differenza tra i due tipi fondamentali di escalation, quella «classica» e quella «coercitiva». La prima, quella che si prende ora in considerazione, descrive il processo di crescita dell'ostilità tra due o piú parti, fino all'uso della violenza, ed è propria del conflitto tra albanesi e serbi attorno alla questione del Kosovo. La seconda (cap. 6) caratterizza il conflitto successivo tra Nato e Jugoslavia.

Tre fattori. Rilevanti per comprendere il grado di escalation di un conflitto sono i seguenti tre fattori: estensione, intensità, violenza.

L'estensione riguarda il numero o l'ampiezza degli attori coinvolti in un conflitto. L'intensità è invece la quantità di mezzi ed energie (materiali, umane, psicologiche) impiegate e il grado di coinvolgimento di un attore. Questo grado può essere effettivo, quando un paese chiama la mobilitazione generale e l'uso di tutte le sue potenzialità produttive per gli sforzi bellici (la «guerra totale» nel senso di Hitler), oppure simbolico, per esempio quando il governo dichiara formalmente il paese in stato di emergenza o di guerra. Nella guerra del Vietnam per lungo tempo Johnson si rifiutò di dichiarare apertamente al paese il carattere strettamente «americano» del conflitto, cercando di mostrare un grado di coinvolgimento del paese ancora limitato al livello dell'«intervento» in una zona di crisi. L'intensità è una misura fortemente psicologica e non va esclusivamente legata alla spesa materiale, quanto piuttosto a quella umana: una guerra condotta a distanza con tecnologie avanzate è meno intensa, anche se forse piú costosa in termini economici, di uno scontro diretto a colpi di baionette e fucili.

La violenza infine è la misura degli *effetti* del conflitto, soprattutto umani. Di nuovo: se armi sofisticate vengono usate per distruggere in modo selettivo infrastrutture, allora questo sarà un conflitto meno violento di uno scontro sul terreno tra soldati. Però se le armi vengono usate per causare perdite umane, allora la violenza sarà molto piú alta. La guerra fredda potrebbe essere considerato un conflitto esteso ad intensità alta ma violenza bassa. Una guerra civile tra etnie che si prolunga nei decenni è un conflitto a bassa estensione e di violenza ed intensità media o alta. Una guerra nucleare possiamo considerarla un conflitto molto esteso a bassa intensità (considerate le energie e il grado di mobilitazione), ma violentissimo.

L'escalation può seguire ognuno di questi tre fattori, in modo variabile a seconda dei casi. Essi sono fortemente interdipendenti: l'aumento dell'intensità è un importante presupposto per l'aumento della violenza e viceversa. Il maggiore grado di coinvolgimento e di danno, inoltre, sono presupposti che rendono piú probabile l'estensione di un conflitto ad altri attori.

L'aumento progressivo dell'ostilità può essere paragonato a un processo fatto di «stadi» all'interno dei quali il potenziale conflittuale resta limitato a determinati atti (cfr. Arielli, Scotto 1998; Glasl 1997). Se non vi è escalation, allora si mantiene una tacita intesa tra le parti di non oltrepassare un determinato stadio: in questo caso il conflitto viene «incapsulato» ed è un possibile primo passo per iniziale eventualmente un processo de-escalativo. Se al contrario la tensione e l'ostilità aumentano si avrà un passaggio ad uno stadio successivo, separato dallo stadio precedente da un «punto di non ritorno». Due sono gli elementi centrali che stanno alla base del processo di «creazione dell'ostilità»: il processo di *polarizzazione* di due parti in conflitto e la dinamica delle *percezioni* reciproche.

Polarizzazione

L'estensione di un conflitto a piú di due attori non significa che esso diventi multilaterale, le *coalizioni* infatti tendono a restare con facilità solo due. La multilateralità è anzi una situazione molto instabile: se A combatte B e C combatte B, è probabile che A e B si alleeranno. Una situazione in cui A combatte B e C combatte sia A che B è instabile: A (o B) si alleano con C contro B (o A), oppure A e B si coalizzeranno contro C.

Si dice oggi che il bipolarismo della guerra fredda è terminato: ciò significa solo che oggi ci sono numerosi potenziali bipolarismi tra loro intrecciati (es. A e B si coalizzano contro C, però B e C agiscono uniti contro D, ecc.). È solo in una situazione di pace che si ha assenza di coalizioni e dunque «multilateralismo». Una caratteristica dell'escalation verso un conflitto intenso o addirittura bellico sarà l'inevitabile tendenza a coalizioni piú ampie, al limite ad un nuovo bipolarismo.

A questo proposito un aspetto importante del fenomeno della polarizzazione riguarda il ruolo di una eventuale *terza parte*. Il concetto di «terza parte» può essere inteso in due modi. In primo luogo, tra due attori in conflitto essa può fungere da mediatore o da giudice *super partes*. In questo caso il suo scopo è di trovare un compromesso o di giudicare la situazione da un punto di vista che i due contendenti accettano come imparziale. Una seconda accezione di terza parte è quella che attua delle decisioni in funzione di un altro attore. Si era fatto l'esempio della polizia: chi trasgredisce la legge non entra in conflitto con la polizia, ma tutt'al piú con la legge o con lo Stato. La polizia esegue delle direttive, può lanciare avvertimenti o attivare un mandato di cattura non a titolo personale, ma in quanto strumento di un'istanza superiore.

In ognuno dei due casi il processo escalativo tende ad appiattire questa relazione a tre verso un bipolarismo. Il mediatore di fronte a un intensificarsi del conflitto tra i due contendenti può facilmente rischiare di perdere la sua neutralità, per dominare la complessità crescente della situazione comincia a *percepire* uno schema semplificante dove sono presenti un innocente e un colpevole assoluti. In questo senso esso perde la sua funzione di mediatore e si *coalizza*, cessando di essere terza parte.

La terza parte come esecutore e in funzione di un'istanza superiore può perdere questo ruolo strumentale e diventare parte attiva, *in causa*, del conflitto. L'istanza superiore esce di gioco e cosí anche le sue norme di cui la terza parte era garante. È stato il caso della Nato durante la crisi del Kosovo nei confronti della Jugoslavia e in relazione alle Nazioni Unite.

Piú in generale la polarizzazione non riguarda solo l'aumento delle ostilità tra due parti e la loro estensione, ma anche il processo di *creazione* delle parti stesse in conflitto. Come nel caso dell'Uçk a partire dal 1997 (cap. 5), un attore può essere il prodotto di una situazione di conflitto arrivata ad un certo grado di escalation: gli attori dunque non sono solo i protagonisti di un conflitto, ma possono esserne il frutto. Da una situazione di comunanza o di omogeneità si creano gradualmente delle differenze e si delinea un confine divisorio tra le due parti. La polarizzazione è in questo senso strettamente legata alla creazione dell'*identità* di un attore, quando questa identità è resa possibile e rafforzata per mezzo dell'opposizione ad un altro attore. Il nemico esterno crea e rafforza il senso di unità e identità interna.

La polarizzazione avviene anche nel modo di percepire i termini di una questione: un dibattito su aspetti comuni si trasforma in uno scontro l'uno contro l'altro. Nel caso del Kosovo l'opposizione tra gli albanesi del Kosovo e il governo di Belgrado passò gradualmente da una discordia di ordine politico e sociale, dove l'identità etnica era ancora relativamente in secondo piano, a una opposizione netta tra «serbi» ed «albanesi». Quando le due parti non sono ancora pienamente schierate, allora la discordia si concentra su questioni concrete e non personali (*ad rem*), mentre all'aumento della conflittualità si passa sempre piú a mettere in discussione l'altro (*ad personam*).

Percezioni

L'escalation nella testa: dal beneficio del dubbio al maleficio del sospetto. La dimensione delle *percezioni* reciproche è centrale per tenere conto dei processi di polarizzazione tra fazioni. Se la scintilla iniziale che ha dato avvio a un processo di costruzione dell'ostilità risiede in situazioni «oggettive» (ad es. la disparità economica, oppure il grado di istruzione o l'aspetto fisico), la successiva aggiunta di elementi di divisione procede in modo del tutto indipendente da questo pretesto iniziale. La polarizzazione è cioè un processo che tende ad autoalimentarsi, dal momento che la percezione di un'ostilità induce a comportamenti che favoriscono ulteriormente il clima di sfiducia i quali alla fine confermano e rafforzano le percezioni iniziali.

Si possono individuare diversi momenti caratteristici di una escalation «mentale», riguardante la percezione di un attore nei confronti di un altro (v. anche Glasl 1997):

1) progressiva costruzione di una unità e di una identità proprie a partire da una presunta condizione di minaccia o di discriminazione. La polarizzazione avviene an-

cora per mezzo di un processo interno, difensivo. Nel processo escalativo in Jugoslavia è il caso della pubblicazione del *Memorandum* da parte dell'Accademia serba delle scienze e delle arti nel 1986, che dà avvio per mezzo di una campagna di *vittimizzazione* alla nascita di una forte campagna nazionalista.

2) Il confine tra Noi e Altri induce a vedere i problemi, anche quelli legati a questioni interne o collettive, come causati dalla presenza degli Altri. È un processo di *esternalizzazione dei problemi*, e quindi un primo passo iniziale di deresponsabilizzazione.

3) Il passo immediatamente successivo al sentimento di discriminazione consiste nel demonizzare la fonte di questa minaccia: fenomeno di *stigmatizzazione*, creazione dell'immagine del nemico.

4) A questo punto l'Altro non è solo visto come semplice «causa» passiva dei propri problemi, ma come attore autonomo e attivamente intenzionato ad opprimere la controparte: da ostacolo si fa aggressore. Si tende dunque ad attribuire un'*intenzionalità* negativa ad ogni suo atto, a cercare conferme dei suoi propositi cospirativi. In Jugoslavia, casi di violenza sessuale, anche se rientravano nella normalità statistica dei crimini, vennero visti come «prova» di un complotto esercitato da una parte (la comunità albanese) a danno dell'altra (i serbi).

5) Questo porta a vedere i conflitti e le divergenze particolari sempre in una chiave generale. Un albanese che uccide un serbo diventa l'«Albania» che uccide la «Serbia» secondo un progetto genocida. La *generalizzazione* segue una logica fatta di esclusioni nette, per cui chi solleva dubbi sulla immagine del nemico viene per questo considerato un traditore ed inserito nella schiera degli avversari.

6) È il momento in cui la definizione del nemico coincide con il semplice fatto di non essere «amico». L'immediata conseguenza è l'emarginazione delle posizioni moderate e critiche, a favore di quelle estremiste: in un certo senso le due parti contrapposte quasi «cooperano» nel disintegrare i rispettivi moderati. In Jugoslavia il caso dell'economista Branko Horvat, descritto all'inizio, è esem-

plare: il suo tentativo di de-escalare fu bollato negli ambienti nazionalisti serbi come una subdola manovra antiserba.

La creazione di una *immagine del nemico* è una soglia «mentale» da cui è estremamente difficile tornare indietro. La valutazione critica della controparte, spesso fatta di margini di incertezza e di neutralità nei confronti delle azioni dell'altro, scompare a favore di un'immagine piú netta, dove le ambiguità vengono facilmente interpretate in senso negativo e le azioni dell'altro finiscono per confermare sempre piú spesso le proprie aspettative. Se prima si separava l'altro attore della questione oggetto di discussione, ora l'altro diventa elemento essenziale della discordia, *parte del problema*. Egli non è piú una semplice controparte, ma la causa della situazione ostile. Con questa polarizzazione della percezione (che porta all'estremo della paranoia) assistiamo ad una *organizzazione* in una struttura coerente di tutto ciò che vi è di negativo nell'altro attore. Difetti o comportamenti indesiderati confluiscono in un'immagine generale dell'ostilità. Aumenta la tendenza all'*autoconferma* di aspettative negative e alla distorsione o annullamento di eventuali segnali positivi.

Anche un atto potenzialmente conciliante dell'altro invece di essere rinforzato per mettere in moto una de-escalation, viene subito visto con sospetto. Ogni azione dell'altro viene percepita come aggressione o violazione inaccettabile. Se l'altro fa il contrario allora è una tattica ingannatrice. Se non agisce è una attesa tattica minacciosa. Ad esempio alla fine del 1990 Saddam Hussein liberò alcuni ostaggi occidentali e si dichiarò disponibile a una soluzione negoziata. La prima risposta a questo gesto fu puntare il dito contro il carattere subdolo del dittatore assicurando che era solo un trucco degli iracheni e al limite un segno di cedimento della pressione che stavano subendo. Questo atteggiamento non lasciò piú spazio a possibili altre interpretazioni. Si trattava di *un'affermazione che diventava vera nel momento in cui veniva espressa*, dato che la controparte, ricevuta questa risposta, si sarebbe chiusa nei confronti di altre concessioni aumentando la tensione escalativa. L'immagine del nemico induce a comportamenti e ad affermazioni che alla fine confermano quanto già si pensava. È la situazione della «profezia che si autoavvera».

La conseguenza del cristallizzarsi di una immagine del nemico all'aumentare del processo escalativo non è solo l'etichettamento dell'altro come «cattivo». In generale si assiste ad uno sfasamento reciproco delle aspettative e delle percezioni anche per quanto riguarda le reali *intenzioni* e desideri della controparte, che vengono attribuiti sulla base di pregiudizi che offrono cosí la conferma di essere nel giusto. Se non si vede una motivazione sufficientemente negativa nel «cattivo», allora gli si attribuiranno intenzioni subdole, nascoste sotto una facciata fasulla.

Un altro aspetto rilevante riguarda la nozione di *ragione* o causa di un'azione, che è ambigua in quanto interpretabile in due modi. Si può dire che un criminale commette un omicidio perché ha avuto un'infanzia difficile. Oppure si può dire che lo ha fatto perché intendeva derubare la vittima. È la distinzione classica tra causa efficiente (la «causa» in senso stretto) e causa finale (il «motivo»), che vengono facilmente confuse e mescolate nel modo di esprimersi quotidiano. In una situazione di polarizzazione si tenderà a vedere nella controparte solo la serie di (malevole) intenzioni come ragioni dell'azione (destabilizzare il sistema federale, dichiarare l'indipendenza, ecc.) e non le ragioni nel senso causale (il subire discriminazioni, l'essere oggetto di violenza ecc.). Per se stessi invece vengono accentuate le cause del proprio comportamento: è vero che agiamo duramente, ma è perché siamo vittime di un'aggressione. Questo sfasamento è alla base dell'inevitabile circolarità che si instaura nelle accuse reciproche, similmente alle tradizionali faide familiari dove un'uccisione diventa motivo per un'altra, senza possibilità di arresto e rendendo insensata la domanda su chi «ha iniziato per primo».

Comunicazione e percezione. La trasformazione delle percezioni reciproche in un processo escalativo non è qualcosa che avviene solo nella mente delle parti in causa. Essa si rispecchia immediatamente nella sfera della comunicazione, nelle immagini televisive e nelle dichiarazioni ufficiali e non, e in questo modo tende ad autoalimentarsi. All'intensificarsi di un conflitto la rappresentazione dei fatti si trasforma in uno *scontro* tra versioni dei fatti e immagini del nemico, in una guerra di portavoci.

Ciò che viene detto, soprattutto pubblicamente, può avere serie conseguenze per il processo escalativo e in generale per i rapporti con altri attori e con l'opinione pubblica. Se un attore non controlla con attenzione ciò che afferma rischia piú o meno involontariamente di trovarsi *vincolato* in un corso di azioni non voluto. Ogni parola può essere un *impegno* di chi l'ha espressa nei confronti della sua credibilità e della sua affidabilità. Questo è ancor piú vero nel caso in cui si adotti una strategia della minaccia (cap. 5).

Nella progressiva polarizzazione tra le parti le affermazioni non vengono piú adattate alla realtà e messe alla prova con essa, ma è la realtà percepita che si adatta ai preconcetti e alle dichiarazioni che li confermano. Scompare il bisogno della verifica e cessa il potere delle smentite: ciò che conta è che l'immagine del nemico sia di nuovo dimostrata vera.

Tutto questo significa che se nell'escalation il valore di verità delle affermazioni reciproche tende a diminuire, se non a scomparire, ciò non significa che il peso di queste affermazioni diminuisca. Esse hanno un peso che va al di là della corrispondenza con il reale. La responsabilità non riguarda solo la «verità»: vi è una responsabilità legata al semplice fatto di affermare qualcosa. Ogni dichiarazione, anche se non viene piú presa troppo sul serio (come le dichiarazioni propagandistiche, e le «versioni ufficiali» in tempi di crisi), influisce comunque sull'opinione pubblica per il semplice fatto di essere stata enunciata. Per fare un esempio in un campo non strettamente bellico: durante la campagna elettorale Usa del 1988 bastò riempire le prime pagine dei giornali con la domanda seria e non retorica «Dukakis [uno dei candidati presidenziali di allora] soffre di disturbi mentali?» per segnare la decisiva uscita di questi dalla competizione. Qui non ci fu alcuna menzogna, dato che si trattò di una domanda. Ma il semplice fatto che un dubbio del genere fosse stato menzionato bastò per gettare una decisiva luce negativa sulla persona. Nel processo di costruzione dell'ostilità è sufficiente «far pensare» ad un determinato fatto (al di là della sua verità) per aumentare la possibilità di un passo ulteriore nell'escalation. Nella Jugoslavia a cavallo tra anni ottanta e novanta era sufficiente una domanda come «Gli albanesi del Kosovo complottano contro l'etnia serba?» perché seguisse un implicito «sí» mentale. Durante la guerra tra la Nato e la Jugoslavia, qualsiasi dichiarazione riguardante i crimini e le atrocità commesse dai serbi non ha creato nel pubblico occidentale (da anni abituato ad una forte immagine collettiva del nemico) alcuna esigenza di verifica o di attesa di una conferma[1].

Per creare in un pubblico una determinata immagine la verità non è importante, lo sono piuttosto la *rilevanza* o la forza delle affermazioni, la loro capacità di indurre determinate reazioni emotive, di impostare in un certo modo le aspettative future.

---

[1]   E questo è indipendente dal fatto se sia vero o no. Una conferma a posteriori non giustifica mai l'uso preconcetto di giudizi e dichiarazioni.

2. Il Kosovo e la dissoluzione della Jugoslavia socialista: 1981-90

Il Kosovo nella Jugoslavia socialista

Nella Repubblica federale socialista di Jugoslavia il Kosovo era una provincia della Serbia, ma godeva di un ampio regime di autonomia, che ne avvicinava lo status a quello di una repubblica a se stante. Piú di tre quarti dei circa 2 milioni di abitanti era di nazionalità albanese; i serbi erano il secondo gruppo in termini numerici. Nella provincia vivevano inoltre slavi musulmani, rom, e altri gruppi minori.

Dal punto di vista dello sviluppo economico e sociale, il Kosovo rappresentava il «fanalino di coda» dell'intera federazione jugoslava. Ancora nel 1981, la quota di analfabeti andava dallo 0,8% della popolazione in Slovenia al 17,6% nel Kosovo (Calic 1995, p. 31). La grande crescita dell'economia jugoslava negli anni sessanta e settanta era rimasta concentrata nelle repubbliche del nord e in parte della Serbia. Nella provincia a maggioranza albanese il Pil per abitante scese dal 44% rispetto alla media jugoslava nel 1952, al 29% del 1980, al 22% nel 1990 (Pashko 1998, p. 348).

Le autorità federali condussero per diversi decenni una politica di redistribuzione delle risorse tra le diverse repubbliche con l'intento di attenuare la disparità esistente tra nord e sud. Una percentuale crescente del Fondo per le regioni sottosviluppate venne investita in Kosovo, dal 30% degli anni 1966-70, al 48% nel periodo tra il 1986 e il 1990.

Questa politica generava in tutte le repubbliche un senso di permanente insoddisfazione: le regioni piú ricche si sentivano sfruttate, e la loro propensione a dividere il benessere con la parte piú povera del paese diminuí con l'avanzare della crisi economica degli anni ottanta. Dal canto loro, le regioni svantaggiate chiedevano allo Stato uno sforzo maggiore per colmare il divario storico di sviluppo (Calic 1995, p. 31).

La Jugoslavia possedeva un sistema politico basato sul predominio di un partito unico, la Lega dei comunisti. Tuttavia, le differenze di orientamento tra le diverse repubbliche che componevano lo Stato federale emersero gradualmente a partire dalla fine degli anni sessanta. Per questo motivo, il regime di Tito iniziò un processo di progressiva federalizzazione. Con le riforme costituzionali del 1971 ed in particolare del 1974, tutti gli organi dirigenti dello Stato vennero composti da rappresentanze paritarie delle singole repubbliche. Le province autonome della Serbia – Kosovo e Vojvodina – godettero dello status riservato alle repubbliche, pur senza esserlo formalmente. Le competenze del governo federale rimasero ristrette a pochi ambiti fondamentali, e per decidere delle questioni piú importanti divenne necessaria l'unanimità tra i rappresentanti delle sei repubbliche[2] e delle due province autonome. In tal modo il Kosovo acquistò un peso rilevante nella federazione.

La storia delle relazioni tra serbi e albanesi nel Kosovo è costellata di conflitti risalenti anche a molti secoli fa. Tale storia esula dai limiti di questo libro. Va ricordato tuttavia che fin dalla nascita della Jugoslavia socialista le relazioni tra gli albanesi e le autorità del nuovo Stato furono caratterizzate da conflitti e repressione.

Nel 1981 un movimento di studenti e lavoratori albanesi rivendicò per il Kosovo lo status di repubblica a pieno titolo. I disordini che seguirono causarono numerose vittime e portarono alla proclamazione dello stato d'e-

---

[2]   Le repubbliche costitutive della Jugoslavia socialista erano: Slovenia, Croazia, Bosnia-Erzegovina, Serbia, Montenegro, Macedonia.

mergenza per tre mesi. Anche se lo scontro era tra movimento albanese ed autorità costituita, gli scontri del 1981 provocarono la divisione della popolazione della provincia lungo linee etniche. Con l'andare del tempo la comunicazione tra i due gruppi etnici divenne sempre piú difficile (Janjić 1997, pp. 71-72).

Sarà la rapida ascesa del nazionalismo serbo a riportare nella seconda metà degli anni ottanta la questione del Kosovo sull'agenda politica della Serbia e di tutto il paese – e a renderlo uno dei motori principali della crisi dello Stato.

Demografia

Nel secondo dopoguerra diversi processi provocarono una trasformazione del quadro demografico in Kosovo. I kosovari albanesi ebbero per decenni un tasso di natalità elevatissimo, e quindi un tasso di crescita della popolazione assai rapido, e molto piú alto del corrispondente valore nel resto della Serbia: per il Kosovo si è parlato di una «transizione demografica ritardata» all'equilibrio tra bassi tassi di natalità e di mortalità caratteristici delle società industrializzate (Islami 1997). Parallelamente, il numero degli abitanti di nazionalità serba diminuí a causa di una forte emigrazione verso le regioni della Serbia centrale.

L'argomento demografico è stato utilizzato costantemente dalla parte nazionalista serba, soprattutto a partire dalla seconda metà degli anni ottanta. Il timore di un espansionismo biologico albanese ha giustificato la richiesta degli estremisti di introdurre per gli albanesi provvedimenti amministrativi per il controllo della natalità (Janjić, Maliqi 1994). L'alto tasso di riproduzione degli albanesi in Kosovo viene interpretato non come un segno del permanere di comportamenti e strutture sociali tradizionali, ma come una vera e propria strategia per ottenere la dominazione etnica della provincia. Si tratta di una *attribuzione di intenzionalità* ad un fenomeno che ha evidentemente cause storiche, sociali e culturali.

La «bomba demografica» albanese venne interpretata come un potenziale pericolo non solo per i serbi del Kosovo – che erano da lungo tempo una minoranza – ma anche per l'intera Serbia. Effettuando una proiezione del tasso di crescita degli albanesi in Kosovo registratosi nel passato, si poteva concludere che intorno alla metà del XXI secolo l'etnia albanese avrebbe costituito il 40,5% della popolazione *in tutta* la Serbia[3].

La situazione dei serbi nel Kosovo

Dalla metà degli anni sessanta gli albanesi avevano ottenuto un peso politico sempre maggiore nella Lega dei Comunisti del Kosovo. In quegli stessi anni si registrò un costante flusso migratorio di serbi dal Kosovo verso la Serbia vera e propria. Tra il 1941 e il 1981 piú di 100.000 serbi abbandonarono la provincia, circa un terzo della popolazione serba totale del Kosovo in tutto il periodo (Blagojević, 1998, p. 271). Insieme all'incremento demografico degli albanesi, la migrazione dei serbi ha contribuito a rendere questi ultimi una piccola minoranza nella provincia.

Questo evento è stato letto in maniera opposta dalle parti in conflitto: come riprova delle discriminazioni a cui erano esposti i serbi nella provincia a maggioranza albanese da un lato, o semplicemente come una scelta dovuta a motivi economici.

L'alta percentuale di investimenti pubblici federali dava ai dirigenti provinciali il potere di allocare queste risorse: è plausibile dunque pensare che la dirigenza kosovara di quegli anni, a maggioranza albanese, avvantaggiasse il proprio gruppo nazionale (Blagojević 1998, p. 257). Gli abusi venivano facilitati dall'assenza di mecca-

---

[3] Si veda ad es. la tabella in Simić (1998, p. 192). Naturalmente questo tipo di proiezioni è arbitrario: il tasso di natalità di una popolazione dipende in misura preponderante dal suo livello di sviluppo, dalla struttura economica e in particolare dal tasso di scolarizzazione ed occupazione delle donne, ed è quindi variabile nel tempo.

nismi di tutela dei diritti civili, dovuta alla natura del sistema politico (Benedikter 1998, p. 80). Studiosi serbi hanno parlato di un sistema di discriminazione pervasivo ai danni della minoranza serba in Kosovo fino alla metà degli anni ottanta (Blagojević 1998).

D'altra parte, vi sono diversi elementi che indicano motivi economici dietro l'emigrazione dei serbi: il tasso di disoccupazione ufficiale quasi doppio rispetto alla media della provincia, la forza di attrazione sicuramente esercitata dalle aree piú ricche e sviluppate della repubblica. Inoltre si riferisce che, nel vendere proprietà terriere ed immobiliari in Kosovo, i serbi che emigravano riuscivano ad ottenere forti guadagni (Islami 1997, p. 53).

Gli ultimi anni della Jugoslavia: crisi economica e politica

La crisi jugoslava si manifestò negli anni ottanta: l'intero decennio fu caratterizzato da un progressivo declino della capacità economica del paese e dall'erosione dell'autorità a livello federale.

In campo economico, il mercato nazionale si frammentò progressivamente: gli scambi tra le repubbliche si ridussero, fino al punto che esse commerciavano piú con l'estero che tra loro. La progressiva segmentazione economica produsse anche un drastico calo di produttività del sistema economico nel suo complesso.

Negli anni sessanta e settanta il paese aveva finanziato gli investimenti in buona parte con crediti internazionali. All'inizio degli anni ottanta la Jugoslavia condivise perciò con molti paesi del Terzo mondo la crisi dovuta all'improvviso aumento del tasso di interesse del dollaro. Nel 1989 l'indebitamento con l'estero della Jugoslavia raggiunse la cifra record di 16,5 miliardi di dollari.

Anche in campo politico le dirigenze delle repubbliche accentuarono gradualmente la separazione, perseguendo obiettivi divergenti, ad esempio nel campo della democratizzazione e dell'apertura al pluralismo. La crisi economica rese i vertici politici delle repubbliche sempre piú riluttanti a finanziare la federazione ed i suoi programmi di redistribuzione con le regioni svantaggiate.

L'ascesa del nazionalismo in Serbia

Come in altri paesi dell'Europa orientale, la crisi della Jugoslavia socialista pose alle élite delle singole repubbliche il problema del mantenimento delle proprie posizioni nel quadro della trasformazione del sistema. In Serbia, la risposta del sistema di potere fu il blocco del processo di riforma, l'attacco alle strutture federali del paese e l'adesione a una ideologia nazionalista. Intorno a questo nucleo politico-ideologico si formò una vasta ed eterogenea alleanza: l'«ala dura» della Lega dei comunisti contraria alla democratizzazione, il nazionalismo borghese impersonato dallo scrittore Dobrica Čosić, i gruppi di «cetnici», i nazionalisti radicali rappresentati da Šešelj, settori dell'esercito e delle forze di sicurezza.

Il richiamo nazionalista ebbe un successo improvviso e travolgente. Mentre ancora all'inizio degli anni ottanta l'appartenenza etnica era un fattore secondario nell'identità e negli orientamenti politici degli jugoslavi (Calic 1995, p. 34), la situazione cambiò rapidamente alla fine del decennio. Il successo delle categorie etniche nella politica jugoslava trovò un terreno particolarmente fertile nel caso del rapporto tra albanesi e serbi: nella Jugoslavia socialista non vi erano altri due popoli che presentavano una sfiducia reciproca tanto radicata, tra i cui appartenenti pochissime erano le amicizie e quasi inesistenti i matrimoni misti (Pantić 1991, cit. in Calic 1998).

In questo panorama, l'episodio della contestazione a Horvat, descritto nel cap. 1, è emblematico. Alla fine degli anni ottanta si fronteggiavano due anime della Jugoslavia: da un lato le forze che in tutto il paese premevano per una uscita dalla crisi attraverso profonde riforme economiche e politiche, e che intendevano affrontare in conflitti della Jugoslavia, ed in particolare la «questione del Kosovo», nella prospettiva di una composizione pacifica. Dall'altro le forze conservatrici e nazionaliste, spesso caratterizzate da atteggiamenti aggressivi e da elementi culturali fascisti. Queste ultime strumentalizzarono l'appartenenza etnica allo scopo di conservare il proprio potere (in Serbia) o di sfidare il monopolio della Lega dei comunisti e prenderne il posto (come in Croazia).

Alla élite nazionalista al potere in Serbia non interessava quindi né una composizione pacifica dei conflitti, né una soluzione cooperativa ai problemi economici e politici della federazione: per il suo successo era indispensabile l'escalation. Questo è uno dei fattori decisivi del «sistema di guerra» che si costituí in Serbia all'inizio degli anni novanta.

Nella Lega dei comunisti serba lo scontro decisivo si consumò nel 1986-87: da un lato i fautori di moderate riforme, sull'esempio di Gorbačëv, dall'altro i rappresentanti della «linea dura», contrari non solo alla liberalizzazione, ma anche allo status quo nel suo aspetto di organizzazione federale dello Stato. Questi ultimi giocarono la carta del nazionalismo e del panserbismo, alleandosi con le forze nazionaliste esterne alla Lega dei Comunisti. Si tratta di una classica strategia trasformista: in Serbia tra il 1986 e il 1992 «cambia tutto, affinché nulla cambi».

Nel maggio del 1986 l'ala dura della Lega dei Comunisti serba conseguí un importante successo con l'elezione di Slobodan Milošević a suo presidente. Quello che era sembrato all'inizio un pallido tecnocrate si rivelò un alfiere del nazionalismo serbo ed un politico assai abile nel mantenere il proprio potere. Negli anni successivi, fu la sua politica congiunta di «stalinizzazione» del partito, propaganda nei mass-media, creazione di una pressione dalla piazza e colpi di mano istituzionali ad assicurargli il potere incontrastato in Serbia.

Poco piú di un anno piú tardi lo schieramento nazionalista vinse la battaglia decisiva: all'VIII sessione del Comitato centrale, nel settembre del 1987, Milošević riuscí a espellere i rappresentanti dell'ala riformista del partito, che avevano criticato aspramente la svolta nazionalista.

Furono due le leve principali su cui l'ala nazionalista all'interno della Lega dei comunisti riuscí a costruire un consenso di massa e a volgere a proprio favore il processo di trasformazione della Serbia socialista.

Da un lato la convinzione diffusa che i serbi erano i «perdenti» nel sistema federale della Jugoslavia socialista: il nord del paese era piú ricco e sviluppato, e i serbi avevano uno scarso peso nell'architettura dello Stato federale, sebbene fossero il gruppo nazionale maggioritario. Inoltre sul territorio della repubblica serba si trovavano le due province autonome della Vojvodina e del Kosovo, che dopo la riforma del 1974 limitavano il potere del governo repubblicano.

Il secondo pilastro su cui si basavano gli appelli nazionalisti era proprio il Kosovo, «culla» della civiltà serba: nella piana dei Merli (*Kosovo Polje*) nel 1389 i serbi persero una battaglia decisiva contro l'Impero ottomano, che costituí da allora in poi la leggenda fondativa della nazione serba. Un fattore potente di mobilitazione nazionalista fu la discriminazione denunciata ai danni dei serbi del Kosovo.

Il raggio di azione politico del nazionalismo serbo era però ben piú ampio: il panserbismo poneva la questione delle comunità serbe in Croazia e in Bosnia-Erzegovina. E fu proprio il successo del nazionalismo serbo ad accelerare la dissoluzione della Jugoslavia, rafforzando le spinte centrifughe già presenti nelle repubbliche settentrionali del paese, e a decretarne la fine in forma violenta.

Tra il 1986 e il 1990 assistiamo in Serbia a un'azione coordinata dal sincronismo quasi virtuosistico. Una parte degli intellettuali elabora strategie di giustificazione ideologica e di esaltazione del nazionalismo; i nazionalisti militanti riescono a mobilitare un numero crescente di persone in manifestazioni di piazza, emarginando allo stesso tempo le posizioni moderate nel sistema politico; i media rinsaldano e acutizzano gli stereotipi diffusi contro gli albanesi, disumanizzandoli e creando una «immagine del nemico». Il potere politico, nella persona di Milošević in particolare, utilizza i diversi elementi e li fonde per cementare la propria posizione di supremazia.

Ideologia e propaganda del nazionalismo serbo

Un peso considerevole nello sviluppo del discorso nazionalista va attribuito ad alcuni settori dell'intellettualità serba.

Nel 1986 venne reso pubblico un documento non ufficiale dell'Accademia serba delle scienze e delle arti, il *Memorandum su questioni sociali attuali nel nostro paese.* Il testo suscitò grande scalpore, e l'Accademia ufficialmente se ne distanziò. Da allora, però, il *Memorandum* viene considerato il testo-base del nazionalismo serbo.

Nel *Memorandum* si sostiene la discriminazione del popolo serbo nella Jugoslavia socialista. In particolare vengono evidenziati tre problemi: il mancato sviluppo dell'economia serba e la posizione predominante di Slovenia e Croazia; la necessità di togliere l'ampia autonomia garantita alla Vojvodina e al Kosovo; ed infine quello che viene definito il «genocidio» dei serbi in Kosovo.

Gli albanesi, secondo gli autori, intendono espellere i serbi dalla provincia: il termine «pulizia etnica» compare forse per la prima volta nei media serbi per descrivere l'obiettivo della popolazione albanese di liberarsi dai serbi del Kosovo. L'elevato tasso di natalità degli albanesi, e l'emigrazione dei serbi dal Kosovo diventano il simbolo della minaccia albanese e del «genocidio» ai danni dei serbi.

A partire dal 1987 i media serbi iniziarono una campagna sulla «vittimizzazione» dei serbi nella Jugoslavia. Si moltiplicarono i riferimenti storici alla persecuzione subita dagli ustascia croati durante la seconda guerra mondiale, mentre l'elenco dei «nemici della Serbia» si allungò con il passare del tempo: Slovenia, Croazia, gli albanesi del Kosovo e dell'Albania, i musulmani, gli Stati Uniti. Questa campagna sui media riuscí a costruire una minaccia esterna credibile, e ad alimentare il nazionalismo serbo.

L'oggetto di maggior successo della campagna furono proprio gli albanesi del Kosovo, verso i quali la memoria e la cultura popolare serba nutrivano già dei pregiudizi radicati. La novità, alla fine degli anni ottanta, fu l'accesso ai media senza impedimenti della propaganda antialbanese (Sofos 1996, p. 129).

Gli organi di informazione, controllati dal potere politico ripresero ed amplificarono la tesi del genocidio dei serbi sostenuta nel Memorandum.

Nei confronti degli albanesi, i mass media effettuarono una sorta di *escalation propagandistica*: se fino ad allora i serbi erano stati «vittime» di generiche discriminazioni, o delle scelte riproduttive delle famiglie albanesi, in concomitanza con il consolidamento del potere di Milošević si passò alle accuse di aggressioni concrete.

Nel 1986 iniziarono a circolare voci su casi di violenza sessuale ai danni di donne serbe da parte di albanesi, poi riprese e amplificate dai media. I nazionalisti serbi interpretarono a loro volta le notizie sui casi di violenza come un attacco premeditato contro i serbi del Kosovo e per estensione contro la nazione serba. Tra il 1986 e il 1987 si tennero ripetute manifestazioni di serbi contro le violenze sessuali da parte degli albanesi su donne serbe.

Si è assai dubitato della veridicità delle notizie su cui si basò la campagna. L'attendibilità delle cifre sulle violenze ai danni delle donne serbe nel Kosovo venne messo in discussione sia da Horvat nel suo libro sul Kosovo (Horvat 1988), sia da uno studio di sociologi e giuristi indipendenti del 1990: da quest'ultimo risulta che il numero delle denunce per stupro in Kosovo nel decennio precedente era stato tra i piú bassi di tutta la federazione, e che non aveva subíto variazioni di rilievo (Ujdi 1990). Nel 1995 la sociologa serba Vesna Pešić affermò che dal 1987 non si era registrato piú nemmeno un caso di «stupro interetnico» (cit. in Kullashi 1997, pp. 115 sgg.).

Indipendentemente dal contenuto di verità delle notizie, la campagna sulle violenze sessuali si basava su una generalizzazione strumentale: l'interesse pubblico non venne diretto al problema della violenza sessuale, ma verso la «nazione violentata dagli albanesi» (Sofos 1996, p. 130). In questo modo essa cementò lo stereotipo della «barbarie albanese».

Nei media serbi e nella risposta sociale che ne seguí assistiamo alla convergenza di pregiudizi diffusi, stereotipi, accuse, voci e testimonianze, e la loro articolazione in un discorso aggressivo, sulla base dell'assioma che tra alba-

nesi del Kosovo e serbi vi sia una opposizione inconcilia-
bile. I mass media ufficiali della Serbia contribuiscono cosí in maniera determinante all'escalation.

La pressione dalla piazza

Dopo avere consolidato la propria posizione con le
«purghe» nel partito, la leadership nazionalista che faceva capo a Milošević mise all'ordine del giorno la modifica
della costituzione repubblicana e l'abolizione dell'autonomia della Vojvodina e del Kosovo.

Con una lunga serie di manifestazioni di piazza, a partire dalla seconda metà del 1988 i nazionalisti serbi mise-
ro sotto pressione gli organi provinciali e federali per ottenere la modifica della costituzione repubblicana in Serbia: la serie di proteste venne ribattezzata «rivoluzione
antiburocratica». Si trattava di manifestazioni che non
avevano molto di spontaneo: un «nocciolo duro» di nazionalisti serbi manifestava ogni fine settimana in località
diverse contro il «terrore psicologico e le intimidazioni» a
cui erano esposti i serbi nelle regioni in cui erano in minoranza: Bosnia, Vojvodina, ma soprattutto Kosovo. Le
manifestazioni riuscirono a produrre una forte pressione
sulle istituzioni delle province autonome.

La «rivoluzione antiburocratica» e l'onda montante del
nazionalismo serbo provocarono nel resto della federazione jugoslava proteste e preoccupazioni. Ad ottobre, tuttavia, l'attacco di Milošević raggiunse lo scopo in Vojvodina,
dove le dimissioni del segretario della Ldc spianarono la
strada all'abolizione dell'autonomia. Contemporaneamente, in Kosovo la dirigenza serba costrinse alle dimissioni i
due funzionari albanesi della Lega dei comunisti del Kosovo Jashari e Vllari, assai apprezzati tra gli albanesi.

1989: nasce il movimento di resistenza albanese

Le dimissioni dei due funzionari provocarono un'ondata di proteste in Kosovo: nel novembre 1988, diverse

decine di migliaia di persone scesero in piazza contro le dimissioni: fu la prima manifestazione di massa degli albanesi in risposta alla crescente pressione del nazionalismo serbo. Il giorno successivo, un milione di serbi si riunirono nelle strade di Belgrado. Nei giorni immediatamente successivi ebbe inizio una dura repressione nella provincia a maggioranza albanese. Allo stesso tempo si manifestano i primi segni di discriminazione: nell'acciaieria di Trepča si proibí l'uso dell'albanese sul posto di lavoro e vennero bloccate le assunzioni di albanesi.

All'inizio del 1989 gli albanesi del Kosovo diedero vita a un'ondata di proteste contro la politica serba. Nella prima settimana di febbraio migliaia di lavoratori albanesi scesero in sciopero. Il 20 febbraio iniziò uno sciopero dei minatori di Trepča, condotto in condizioni durissime: circa 7.000 minatori si asserragliarono nei pozzi, a centinaia di metri di profondità nel sottosuolo, dove l'aria era assai nociva e la temperatura raggiungeva i 50°C. Almeno 1.200 minatori iniziarono uno sciopero della fame a oltranza (Clark 1998). La protesta si rivolgeva contro i nuovi dirigenti del partito comunista in Kosovo nominati da Milošević. Nei giorni successivi lo sciopero si estese a tutta la provincia, dall'industria al sistema dei trasporti, agli esercizi commerciali. Il movimento nazionale albanese degli anni novanta nacque in questo momento, e non avrebbe abbandonato piú la scena fino alla guerra del 1999.

Il 28 febbraio lo sciopero venne sospeso dopo l'annuncio delle dimissioni del segretario del partito del Kosovo, fedele a Milošević. In realtà si trattò di una promessa a vuoto. Nei giorni successivi Belgrado proclamò lo stato di emergenza e arrestò diversi politici albanesi.

Il 23 marzo 1989 avvenne un importante punto di svolta: il parlamento del Kosovo approvò l'abolizione dell'autonomia della provincia. Secondo giornalisti sloveni, la maggioranza dei 188 deputati era stata messa sotto pressione dalla polizia segreta. Nei giorni precedenti il voto centinaia di persone erano state arrestate. Al momento della riunione, l'edificio del parlamento era circondato dalle forze di polizia (Clark 1998, p. 6); secondo alcune fonti albanesi, alla votazione stessa parteciparono persone senza diritto al voto – funzionari di partito serbi o agenti delle forze di sicurezza (Cereghini 1997).

La cancellazione dell'autonomia del Kosovo scatenò un'ondata di proteste tra gli albanesi. Negli scontri che seguirono, diverse persone persero la vita: il bilancio ufficiale fu di 24 morti (Benedikter 1998, p. 76). Il settimanale sloveno indipendente *Mladina* riportò che solo all'obitorio di Priština si contavano 180 cadaveri (Grum 1989).

Il discorso della «Piana dei merli»

Nel giugno 1989 il regime serbo festeggiò in pompa magna il seicentesimo anniversario della mitica sconfitta del principe serbo Lazzaro nella «Piana dei merli» (*Kosovo Polje*). È una celebrazione di importanza simbolica enorme: al raduno partecipano un milione di persone, e l'evento viene trasmesso in diretta televisiva al resto della Serbia. L'ideologia e la strategia del nazionalismo serbo vengono dichiarati ufficialmente: il Kosovo è il simbolo del tradimento degli interessi del popolo serbo, diviso e indebolito dal regime di Tito. Ora la Serbia deve «riconquistare la propria statualità»: cioè cancellare l'autonomia della provincia e, piú in generale, rovesciare a proprio favore gli equilibri all'interno del sistema federale.

Ma Milošević aggiunge anche un'altra frase, che risulterà profetica alla luce delle guerre degli anni novanta: «Ci troviamo di fronte ad una battaglia politica ed economica decisiva, nella quale non si può escludere che dovrà essere combattuta militarmente». In questo come in altri meeting dei nazionalisti serbi risuonano gli slogan «morte agli albanesi» e «dateci le armi».

Il discorso di Milošević sulla Piana dei merli nel 1989, cosí come altri eventi simili in quegli anni, presentano caratteristiche tipiche dei *rituali*. Un rituale ha diverse funzioni: afferma e consolida il senso di appartenenza ad una comunità, mobilita le emozioni e consente il loro investimento per un progetto politico. L'uso della mitologia nazionale serba connesso alla mobilitazione di massa e alla propaganda mediatica rese i rituali nazionalistici in Serbia una formidabile arma per il consenso (Sofos 1996).

La fine della Jugoslavia e la seconda fase dell'escalation del conflitto in Kosovo

La questione del Kosovo si inserisce nel panorama della dissoluzione della Jugoslavia socialista. Da un lato la progressiva escalation del conflitto nel Kosovo contribuí ad alimentare la sfiducia verso Belgrado nelle altre repubbliche e quindi ad incoraggiare le forze secessioniste. D'altro lato, la stessa crisi delle istituzioni federali privò gli albanesi del Kosovo di un importante punto di riferimento nella mobilitazione contro la campagna dei nazionalisti serbi.

Nel 1990 la federazione si disintegrò irrimediabilmente. In Slovenia il Partito comunista uscí dalla Lega dei comunisti, e poco dopo le elezioni pluraliste vennero vinte da una coalizione di opposizione con un programma secessionista. In Croazia alle elezioni repubblicane trionfò il partito nazionalista Hdz. Nel corso del 1990 prima Slovenia e Croazia e successivamente le altre repubbliche dichiararono la propria sovranità. Solo Serbia e Montenegro rimasero nella federazione: la fine dell'ordinamento costituzionale della «seconda Jugoslavia» era segnata.

La Jugoslavia socialista era uno Stato a partito unico, con un controllo dell'opposizione paragonabile a quello in atto negli altri paesi socialisti. Con particolare zelo venivano perseguitate le forze nazionaliste: per questo nei primi anni dell'«era Milošević», al progressivo successo delle parole d'ordine nazionaliste all'interno dell'apparato di potere in Serbia non facevano riscontro sviluppi analoghi in Kosovo. Fino al 1989 la difesa degli interessi degli albanesi rimase affidata alla Lega dei comunisti del Kosovo.

Nella provincia esisteva anche, al di fuori delle istituzioni, una fazione minoritaria marxista-leninista, seguace del dittatore albanese Enver Hoxha. Con l'ascesa del nazionalismo serbo, i due gruppi costituirono un fronte comune; poco dopo, il leader marxista-leninista Adem Demaçi (chiamato il «Mandela del Kosovo» per aver passato piú di venti anni nelle prigioni jugoslave), dichiarò il suo sostegno all'opposizione democratica. Questa presa di posizione segnò la fine ufficiale della fazione enverista (Maliqi 1998). Dal movimento di protesta nato nell'inverno 1988-89 e dagli esponenti albanesi negli organi di autogoverno del Kosovo nacque il movimento nazionale albanese, nuovo attore del conflitto.

Consolidamento e strategia politica del movimento nazionale albanese

Tra il dicembre del 1989 ed il febbraio del 1990 le strutture del regime a partito unico nel Kosovo si sgretolarono: gli albanesi si dimisero in massa dalla Lega dei Comunisti e da tutte le organizzazioni del sistema. Contemporaneamente iniziò ad affermarsi il pluralismo politico.

La prima organizzazione a rompere il monopolio del partito unico in Kosovo fu l'Unione per una iniziativa democratica jugoslava (Uidj), fondata a Zagabria nel gennaio del 1989, che aprí una sezione a Priština agli inizi di dicembre. L'Uidj aveva come obiettivo il mantenimento della federazione e l'avvio nel paese di un processo di democratizzazione. Nel gruppo di Priština, diretto da Veton Surroi, si iscrissero diverse centinaia di albanesi, e solo poche persone della comunità serba.

Il movimento nazionale albanese nel suo sviluppo poteva a questo punto scegliere tra due strade: sostenere una soluzione «jugoslava» del conflitto in atto nel Kosovo, come quella proposta dall'Uidj, e quindi perseguire una riforma democratica del sistema federale. In alternativa, il movimento poteva scegliere di accentuare il proprio carattere nazionale, di fatto accettando la definizione del conflitto che ne dava il proprio avversario: di un contrasto insanabile tra serbi ed albanesi su una regione sacra ad entrambi i popoli.

Di tutti i nuovi gruppi la Lega democratica del Kosovo, capeggiata da Ibrahim Rugova, acquisí subito uno status particolare, diventando il partito nazionale degli albanesi nel Kosovo: in breve tempo essa riuscí ad organizzare una presenza capillare nella provincia e tra la diaspora albanese all'estero, sostituendosi alle vecchie organizzazioni di massa del sistema socialista (Maliqi 1998, p. 28). Anche la Ldk, tuttavia, non si schierò subito a favore dell'indipendenza del Kosovo. Nei primi tempi la rivendicazione politica nei confronti di Belgrado era di una «piena» e «reale» autonomia della provincia (Maliqi 1998, p. 28). Tra il 1989 e il 1990 in Kosovo sorsero anche altre formazioni politiche piú piccole, con un programma di riforma democratica della federazione come preludio alla piena indipendenza. Tutti questi gruppi diedero vita nel febbraio 1990 all'«Alternativa democratica»,

A gennaio e febbraio del 1990 una nuova ondata di proteste di massa e di guerriglia urbana aveva prodotto una violenta repressione da parte delle forze di sicurezza serbe, con almeno trenta vittime tra gli albanesi (Amnesty International, 1999). L'Alternativa democratica decise di non rassegnarsi allo stato di emergenza e di mobilitare le proteste contro il regime in forme nonviolente. In effetti nei mesi successivi la violenza degli scontri diminuí, mentre la protesta assunse forme diverse e fantasiose: dalla petizione «Per la democrazia e contro la violenza», alle azioni simboliche (candele alle finestre, rumore dalle case durante il coprifuoco ecc.).

Diversi motivi portarono alla decisione di accentuare il carattere nazionale del conflitto piuttosto che l'esigenza di partecipare a un processo di democratizzazione in tutta la Jugoslavia. In primo luogo bisogna considerare che all'inizio del 1990 la Repubblica federale socialista jugoslava era già in stato agonizzante. Inoltre, gli albanesi del Kosovo non avevano tradizionalmente legami forti con lo Stato jugoslavo. Pur essendo assai diffusa l'ammirazione per Tito, le proteste e la repressione subita nel 1981, con migliaia di arresti tra gli albanesi, erano ancora presenti nella memoria. Né, come abbiamo visto, i meccanismi di redistribuzione economica all'interno della Jugoslavia socialista erano riusciti ad intaccare la situazione di estrema debolezza economica della provincia; la profonda crisi della Jugoslavia non lasciava molte speranze per un robusto sostegno economico nel futuro. A ciò si aggiunga la storica sfiducia nelle istituzioni statali diffusa nella società tradizionale albanese.

Il punto di svolta degli albanesi: la dichiarazione d'indipendenza

L'ala del movimento nazionale albanese favorevole alla democratizzazione si trovò ben presto in minoranza. La leadership del movimento passò alla Ldk e a Ibrahim Rugova. La Ldk era riuscita in brevissimo tempo, a pochi mesi dalla fondazione, ad attrarre anche il personale politico che nominalmente era ancora all'interno delle istituzioni provinciali (Maliqi 1998, p. 28).

Il 2 luglio 1990 i deputati albanesi del parlamento provinciale, ormai in larga misura entrati nella Ldk, si riunirono e proclamarono la «Repubblica del Kosova» indipendente dalla Serbia, un soggetto «libero ed uguale nel quadro della Federazione [confederazione] jugoslava». È significativa la coincidenza di date con la dichiarazione di indipendenza della Slovenia.

Già il 26 giugno l'Assemblea della Repubblica serba aveva deciso di sciogliere l'Assemblea del Kosovo e di proclamare nella provincia lo stato di emergenza. Il 5 luglio la decisione venne resa permanente, con la nomina di una «amministrazione speciale»: di fatto l'annessione alla Serbia e la cancellazione di ogni residua competenza di autogoverno (Benedikter 1998, p. 77).

Nel settembre 1990 la Serbia varò una nuova costituzione in cui veniva di fatto abolita definitivamente l'autonomia territoriale della Vojvodina e del Kosovo. Gli albanesi continuarono la politica di non riconoscimento dell'autorità serba. A Kačanik, nello stesso mese, due terzi dei rappresentanti albanesi all'Assemblea provinciale si riunirono segretamente ed approvarono una costituzione della «Repubblica del Kosovo».

La scelta della piena indipendenza dalla Jugoslavia venne sancita nel settembre dell'anno successivo in un referendum «parallelo». Nell'ottobre del 1991 gli albanesi proclamarono la Repubblica del Kosovo uno Stato indipendente e sovrano.

In questo modo i fronti del conflitto che caratterizzerà il decennio successivo erano ormai delineati: da una parte l'apparato della Repubblica serba e la Lega dei comunisti di Milošević, oltre alla minoranza serba in Kosovo; dall'altra il movimento nazionale albanese, in maggioranza favorevole alla piena indipendenza da Belgrado. L'ipotesi di lavorare per una democratizzazione delle strutture jugoslave era stata abbandonata.

D'altro canto, l'aver imboccato con decisione la strada della lotta per l'indipendenza ebbe importanti ripercussioni anche all'interno del movimento nazionale albanese. La struttura pluralistica dell'Alternativa democratica risultava inadeguata nella nuova fase del conflitto che si apriva. Sembrava piú efficace affidare la lotta alla Ldk, sul modello dei movimenti di liberazione nazionale che nei decenni precedenti si erano battuti contro il dominio coloniale (Maliqi 1998, p. 33).

1990: termina la prima fase del conflitto

Nella seconda metà del 1990, con il definitivo annullamento dell'autonomia del Kosovo da parte serba e la «dichiarazione di indipendenza» da parte albanese, termina la prima fase di scontro aperto tra le autorità serbe e gli albanesi nel Kosovo.

Dal punto di vista dei rapporti di forza, il governo repubblicano di Belgrado ha vinto la partita: la Repubblica serba esce nominalmente rafforzata dallo scontro con gli albanesi. Dal punto di vista della politica interna della Serbia, il nazionalismo coltivato da Milošević si rivela una carta vincente. L'immagine del nemico che la retorica nazionalista e l'uso dei media controllati dallo Stato (in particolare la televisione) hanno diffuso si è consolidata: gli albanesi sono del tutto isolati rispetto al resto della Serbia. La posizione serba nel conflitto in Kosovo e l'atteggiamento dell'opinione pubblica in merito rimarranno immutati negli anni successivi.

A differenza degli eventi nelle altre repubbliche della Jugoslavia, in Kosovo il «repertorio di azione» seguito dal governo serbo si limita al controllo statuale delle strutture di governo nella provincia, con un alto tasso di violazione dei diritti umani, ma senza giungere alle politiche di «pulizia etnica» perseguite nelle regioni a dominazione serba in Bosnia e in Croazia. Anche questo repertorio di azione rimarrà piú o meno costante fino all'ascesa dell'Uçk, nel 1997-98.

Da questa posizione di forza, il vertice nazionalista della Lega dei comunisti della Serbia può prepararsi per i due compiti che già si prospettano all'orizzonte: da un lato la trasformazione «gattopardesca» del sistema politico, dal socialismo a partito unico alla democrazia formale; dall'altro le guerre in Croazia e in Bosnia.

L'escalation del conflitto in Kosovo e l'abolizione dell'autonomia sono indissociabilmente legati alla figura di Slobodan Milošević: sulla questione del Kosovo egli ha costruito la propria carriera e il proprio potere, mantenere il controllo sulla provincia risulta vitale per la sua legittimazione. Forse nel 1999 la Nato sbaglierà a valutare il comportamento del leader serbo anche perché non riconoscerà il valore politico-simbolico che il Kosovo ha per lui.

A partire dal 1990 la posizione della parte serba nel conflitto è ben definita: si tratta di assicurare la dominazione della provincia a tempo indeterminato. Non è ancora chiaro, invece, quali saranno gli obiettivi, le strategie, le modalità di azione e di organizzazione dell'opposizione albanese nella provincia. La strategia serba di repressione prosegue per il resto del decennio lungo le linee già tracciate nel 1989-90. Tocca ora alla parte albanese elaborare una strategia di risposta.

3. Discriminazione e resistenza nonviolenta: il conflitto in Kosovo dal 1990 al 1995

Gli anni che vanno dal 1990 al 1995 vedono in Kosovo la progressiva attuazione di un regime di discriminazione sistematica della popolazione albanese in campo politico, economico, sociale, educativo e culturale da parte delle autorità serbe.

La risposta del movimento nazionale albanese si basa su tre scelte di fondo: evitare l'escalation violenta del conflitto, negare la legittimità delle istituzioni controllate da Belgrado e costruire allo stesso tempo istituzioni parallele della comunità albanese. Gli albanesi quindi organizzano una *risposta nonviolenta* alla repressione.

Il Kosovo verso la segregazione degli albanesi

Una serie di misure politiche ed amministrative adottate dagli organi di governo della Serbia nel corso del 1990 consolidò il controllo delle autorità di Belgrado sulla provincia: lo scioglimento del parlamento, l'abolizione del governo provinciale, il controllo diretto sulle forze dell'ordine e sull'apparato giudiziario.

Il caso della polizia è emblematico. A partire dall'aprile 1990 le forze di polizia e di sicurezza vennero poste alle dirette dipendenze delle autorità serbe. Circa 2.500 agenti serbi e montenegrini provenienti da altre zone del paese vennero impiegati nei corpi di polizia del Kosovo, mentre centinaia di poliziotti albanesi persero il lavoro per essersi rifiutati di accettare le misure introdotte dal governo di Belgrado (Amnesty International 1991, 1992).

Contemporaneamente si moltiplicarono i resoconti di brutalità commesse dalla polizia contro i cittadini di nazionalità albanese. La documentazione raccolta negli anni da Amnesty International sulle violazioni dei diritti umani in Kosovo è eloquente.

Oltre alle uccisioni di dimostranti in occasione di manifestazioni di piazza (nel marzo del 1989, a gennaio e a febbraio del 1990), ogni anno vi furono diversi casi di albanesi morti mentre erano in stato di detenzione; spesso i referti medici indicavano come causa le torture inflitte dalla polizia (Amnesty International 1992, 1993, 1999). Inoltre si registrarono regolarmente vittime in scontri a fuoco con la polizia in circostanze non chiare.

A partire dal 1993 la repressione avvenne in forme meno spettacolari: le perquisizioni delle case di albanesi alla ricerca di armi, accompagnate da umiliazioni e percosse, diventarono un'attività di routine della polizia in Kosovo. Durante gli anni novanta si accumulano con impressionante regolarità notizie sui maltrattamenti subiti dagli albanesi nelle stazioni di polizia della provincia (Amnesty International 1999).

Il campo in cui la strategia governativa di segregazione della comunità albanese è piú evidente è costituito dalle imprese e dalla pubblica amministrazione. Le autorità serbe licenziarono sistematicamente il personale albanese presente nell'amministrazione pubblica e negli organi di «autogestione» delle imprese piú importanti. Nel sistema sanitario, la nuova amministrazione serba licenziò in diverse ondate medici e personale sanitario albanese.

I licenziamenti colpirono non solo la dirigenza albanese, ma i lavoratori dipendenti nel complesso, sia nella pubblica amministrazione che nell'industria. Le stime sul numero degli albanesi licenziati variano tra le 88.000 e le 140.000 persone (Benedikter 1998; Islami 1997, p. 54). Al licenziamento da una grande impresa spesso si accompagnava la perdita della casa, se questa era di proprietà dell'azienda. L'emigrazione divenne un fenomeno diffuso: in pochi anni all'incirca 400.000 albanesi del Kosovo emigrarono in Europa occidentale e negli Stati Uniti (Islami 1997, p. 55).

Alla progressiva discriminazione in campo economico il movimento nazionale albanese rispose con il boicottaggio completo delle ditte e dei prodotti serbi, spesso prendendo la forma dell'abbandono spontaneo del posto di lavoro. «Dei molti albanesi esclusi dal lavoro [...], una parte è colpita collettivamente in base alle leggi sul "lavoro in circostanze di emergenza", una parte in seguito a procedimenti disciplinari su base individuale – spesso per non aver voluto firmare una dichiarazione di fedeltà alla repubblica serba – ma una parte si allontana per scelta e solo successivamente è licenziata» (Cereghini 1997, cap. 5.3). Il tasso di disoccupazione nella provincia, che era già tra i piú alti della Jugoslavia socialista, raggiunge livelli altissimi: nel 1980 era del 27,6%, nel 1990 arriva al 40,8% (cit. in Pashko 1998).

La repressione ebbe forti ripercussioni sui mass media della provincia. I programmi radiotelevisivi in lingua albanese furono cancellati, e centinaia di giornalisti albanesi persero il posto di lavoro a partire dal luglio 1990. I piú importanti organi di stampa in albanese, tra cui il quotidiano *Rilindja*, vennero chiusi. Nella prima metà degli anni novanta la stampa in lingua albanese era ridotta a un quotidiano e un settimanale. Solo piú tardi vi fu una parziale liberalizzazione del sistema dei media, in seguito alla quale nasceranno alcuni organi di stampa albanesi indipendenti, come *Koha Ditore*.

Uno dei settori in cui il conflitto e la successiva resistenza si manifestano nella maniera piú chiara è il sistema scolastico e di istruzione superiore. La questione dell'educazione è un punto sensibile nella politica di tutta la ex Jugoslavia. In Kosovo, l'importanza simbolica di questo campo era enorme per gli albanesi, che avevano ottenuto una università albanese solo all'inizio degli anni settanta. Per il governo serbo, la scuola costituiva uno dei terreni privilegiati di diffusione della cultura nazionale.

Le autorità serbe adottarono diverse strategie nei confronti del sistema scolastico albanese. La decisione dell'agosto 1991 di far adottare programmi scolastici serbi eb-

be come risposta il boicottaggio generale dell'insegnamento da parte di alunni ed insegnanti, o il rifiuto di
adottare i nuovi programmi. Al boicottaggio da parte albanese le autorità risposero con la chiusura di un gran numero di scuole e il licenziamento degli insegnanti; lo stesso accadde nell'università. Secondo fonti albanesi, nella
seconda metà del 1991 circa 6.000 insegnanti e 800 do-
centi universitari albanesi furono licenziati dalle scuole
della provincia e dall'università di Priština (Amnesty International 1992).

Excursus: la strategia dell'azione nonviolenta

La scelta di una strategia nonviolenta caratterizza il
movimento di resistenza degli albanesi in Kosovo almeno
fino al 1997. Si tratta di un metodo di conduzione del
conflitto con caratteri particolari, e pressoché unico nel
panorama dei conflitti provocati dalla dissoluzione del-
l'ex Jugoslavia. Prima di descrivere la resistenza nonviolenta in Kosovo è opportuno quindi esaminare le caratteristiche generali dell'azione nonviolenta.

Anzitutto va sottolineato che *la scelta di una parte in
conflitto di agire senza fare uso di violenza non significa che
il conflitto non esista*. Vedremo nel corso dei prossimi capitoli come un errore fatale da parte della diplomazia internazionale sia stato proprio ritenere che i conflitti esistono solo nella misura in cui le parti fanno ricorso alla
violenza.

Negli ultimi decenni le tecniche e le strategie dell'a-
zione nonviolenta sono state oggetto di studi approfondi-
ti (per una panoramica sul tema v. Cereghini, in stampa;
Arielli, Scotto 1998).

Si possono individuare una serie di condizioni principali per l'adozione di strategie nonviolente: l'esistenza di
un movimento strutturato e di una leadership che scelgo-
no la nonviolenza, la presenza di forti motivazioni ideolo-
giche e di particolari condizioni storiche (come la memoria di conflitti vissuti nel passato o una solida tradizione
democratica), e l'esperienza dei repertori di azione non-

violenta. Inoltre esistono diversi tipi di vincoli ed opportunità posti dall'ambiente: accesso alle risorse, grado di urbanizzazione, scolarità ed industrializzazione (Galtung 1989; Cereghini 1997). Nel caso degli albanesi del Kosovo, l'adozione di una strategia nonviolenta venne facilitata da un altro fattore, ovvero la forte coesione sociale della società albanese, ancora in gran parte caratterizzata da famiglie allargate e «clan» con una grande solidarietà interna.

L'adozione di una strategia nonviolenta ha l'effetto di bloccare o rendere piú difficile la possibilità della controparte di «far fare», di imporre all'altra la propria volontà (cfr. cap. 1). Questo è lo scopo principale delle tattiche di *non collaborazione*.

Tale scelta, inoltre, influenza in maniera determinante le dinamiche dell'escalation, perché contribuisce a disinnescarne alcuni meccanismi chiave. Anzitutto, la rinuncia ad azioni lesive della controparte ferma il tipico circolo vizioso di azioni e reazioni. Inoltre, essa contrasta la tentazione di deumanizzare l'avversario, e allo stesso tempo può smentire gli stereotipi e le immagini del nemico presenti nella controparte. Per gli albanesi all'inizio degli anni novanta smentire l'immagine di arretratezza e crudeltà diffusa dai nazionalisti serbi fu una motivazione potente a scegliere una strategia nonviolenta.

Nelle teorie dell'azione nonviolenta viene sottolineata la caratteristica di sbilanciare l'avversario non opponendo alla sua forza una reazione uguale e contraria: si tratta di un meccanismo che è stato chiamato *jiu-jitsu* politico, prendendo a prestito un'espressione delle arti marziali giapponesi (Sharp 1996). Esso può prendere la forma di un accentuato dissenso in campo avversario, o dell'appoggio di terze parti fino ad allora rimaste neutrali o tacitamente dalla parte dell'avversario. Il processo che si innesca può portare ad una redistribuzione del potere relativo tra le parti in conflitto.

Altrove (Arielli, Scotto 1998, pp. 221 sgg.) si sono identificate tre caratteristiche fondamentali del «tipo ideale» dell'azione politica nonviolenta: anzitutto una strategia basata sull'*autolimitazione*, con la rinuncia a priori di ricorrere alla violenza, accoppiata ad una capacità di «escalation nonviolenta» del conflitto. In altre parole, chi opta per un corso di azione nonviolento deve essere in grado di mantenere costantemente l'iniziativa, aumentando il conflitto di intensità mantenendo il piú basso possibile il livello di violenza. In secondo luogo, l'azione nonviolenta mira al *rafforzamento delle proprie qualità*, alla valorizzazione delle proprie risorse e ad un'alta sopportazione dei costi del conflitto. Infine l'attore nonviolento deve tenere aperti *canali di dialogo*, e condurre il conflitto in maniera da *allargare la dimensione cooperativa*, potenzialmente presente in ogni conflitto.

Riguardo a questo punto, Galtung (1989) sottolinea una condizione particolarmente importante in un conflitto asimmetrico come quello del Kosovo. Poiché la nonviolenza di basa sul riconoscimento dell'umanità dell'altro, è necessario che la lotta «tocchi» alcune tra le persone del gruppo avversario: particolare importanza hanno quindi sia le terze parti che possiedono canali di comunicazione con l'avversario, sia quelli che nel gruppo avverso sono piú orientati verso il dialogo.

Vedremo nelle prossime pagine come questo modello dell'azione nonviolenta sia in grado di fare luce sulle caratteristiche e i limiti del movimento di resistenza albanese in Kosovo.

La strategia nonviolenta del movimento nazionale albanese

Lo sviluppo di una strategia nonviolenta da parte degli albanesi in Kosovo ebbe l'effetto di far proseguire il conflitto ad un alto livello di intensità ma ad un basso livello di violenza, nella grande maggioranza dei casi riconducibile alla repressione poliziesca.

Questa scelta strategica ha sorpreso non poco gli osservatori stranieri e gli esperti della regione, particolarmente se confrontata con le strategie e le scelte culturali degli altri movimenti etnonazionalisti nello spazio postjugoslavo (v. cap. 3).

Vedremo che la conduzione del conflitto da parte della leadership kosovara-albanese si presta a un certo numero di critiche: tuttavia, è incontestabile che tale strategia abbia evitato per molto tempo un'escalation del conflitto che appariva quasi certa all'inizio del decennio, lasciando aperta per anni la possibilità di una soluzione negoziata con il regime di Belgrado.

La scelta della resistenza nonviolenta aveva vari motivi: l'Ldk e il suo presidente Rugova avevano preso a modello le «rivoluzioni nonviolente» che nel 1989 avevano segnato la fine dei regimi del socialismo reale in Europa centrale. In secondo luogo, questo tipo di strategia prometteva di ottenere il necessario appoggio a livello internazionale. Proprio lo strapotere serbo naturalmente consigliava la scelta di impiegare metodi nonviolenti: con le guerre in Croazia e in Bosnia apparve chiaro che lo scoppio di una guerra nel Kosovo avrebbe comportato costi enormi per la popolazione civile albanese.

La figura di Rugova simboleggerà il movimento nazionale albanese dal 1989 al 1998. Anche se l'introduzione in Kosovo delle tecniche di lotta nonviolenta va attribuita a personalità e gruppi esterni alla Ldk, si deve anche alla determinazione di Rugova il fatto che il movimento albanese abbia sposato cosí a lungo la nonviolenza.

A partire al piú tardi dal 1991, il movimento nazionale albanese chiede all'unisono l'indipendenza da Belgrado. La strategia della Ldk e del «presidente del Kosova» si basa sulla non collaborazione con i serbi e la costruzione di uno Stato parallelo da un lato, e sulla richiesta di aiuto da parte della «comunità internazionale» dall'altro. La meta finale dell'indipendenza, secondo Rugova, avrebbe dovuto essere preparata da un protettorato internazionale temporaneo.

Nel corso degli anni, l'azione politica della Ldk e del suo leader si limita alla costruzione dello Stato parallelo all'interno, e alla ripetizione delle posizioni degli albanesi nei confronti degli interlocutori stranieri. Ma per la «comunità internazionale» l'obiettivo della piena indipendenza da Belgrado è inaccettabile. Le diplomazie occidentali, quindi, fino al 1999 non andranno mai oltre una generica manifestazione di simpatia verso il movimento degli albanesi in Kosovo ed il suo leader.

Le fasi della resistenza nonviolenta

La lotta nonviolenta degli albanesi nel Kosovo attraversò diverse fasi, in cui si trasformarono le modalità di conduzione, le azioni intraprese e spesso anche gli attori coinvolti (cfr. Cereghini, in stampa).

In una prima fase, a partire dalle manifestazioni dell'autunno del 1988 fino agli scontri di piazza del gennaio 1990, furono gruppi informali di lavoratori o di studenti ad impiegare spontaneamente tecniche di protesta e di azione nonviolente come scioperi, cortei, occupazioni di edifici. Queste azioni non erano pianificate e si mescolavano ad altre di tipo violento. In un momento successivo, nel corso del 1990, comparvero soprattutto nelle città forme di protesta originali; l'iniziativa delle proteste passò ad alcuni gruppi democratici, che assunsero la leadership organizzativa delle proteste.

L'uso di tecniche di lotta nonviolente apparve diventare una scelta di tipo strategico del movimento nazionale albanese, poiché gli atti di violenza diminuirono. Il culmine della serie di manifestazioni popolari in Kosovo all'inizio del decennio è il «funerale della violenza», organizzato dal Partito parlamentare e dal Consiglio per i diritti umani e la difesa delle libertà nel giugno del 1991: in una grande manifestazione, seguita da decine di migliaia di persone, venne portata in processione una bara vuota, simbolo della violenza che si voleva seppellire (Cereghini 1997, cap. 4.3).

In una terza fase, dopo le elezioni clandestine tenute dagli albanesi del Kosovo nel maggio del 1992, alle azioni di protesta si affiancò la costruzione di istituzioni parallele e il boicottaggio delle strutture statali. Con il passare del tempo, la mobilitazione di massa calò, e lo sforzo del movimento si concentrò sulle istituzioni parallele.

Nel corso degli anni la situazione sembrò stabilizzarsi. I due sistemi – le strutture ufficiali dello Stato dominate dalla Serbia, e le istituzioni parallele organizzate dagli albanesi – sembravano vivere vite completamente separate, in un equilibrio precario e alla lunga insostenibile.

Società e istituzioni parallele in Kosovo

Nel settembre del 1990, 111 deputati albanesi, turchi e slavi musulmani del parlamento del Kosovo si incontrarono in segreto a Kačanik e promulgarono la Costituzione della Repubblica del Kosovo (Troebst 1998, p. 7). Iniziava cosí la creazione delle strutture dello Stato parallelo in Kosovo, sia sul piano politico, con lo svolgimento di elezioni e referendum non ufficiali, la nomina di un parlamento e di un presidente della repubblica, sia su quello amministrativo, con la creazione di un sistema educativo e assistenziale parallelo.

In un referendum non ufficiale nel settembre del 1991 gli albanesi del Kosovo si pronunciarono per un Kosovo indipendente e sovrano, con il diritto di prendere parte ad un'eventuale associazione di Stati sovrani all'interno della Jugoslavia (Amnesty International 1992). Nel mese successivo venne formato un governo provvisorio in esilio guidato da Bujar Bukoshi.

L'anno successivo, nel mese di maggio, si tennero elezioni non ufficiali per il parlamento della Repubblica del Kosovo. Contemporaneamente, alle elezioni presidenziali, Ibrahim Rugova, unico candidato, ottenne il 99% dei voti. Le elezioni sancirono la consacrazione definitiva di Rugova come leader e simbolo della resistenza nonviolenta albanese.

Gli albanesi inoltre riuscirono ad organizzare scuole, ambulatori e reti di assistenza sociale paralleli. Lo sforzo maggiore del movimento kosovaro-albanese riguardò la costruzione di un intero sistema educativo non ufficiale. Non si può dire che le scuole dei kosovari albanesi siano paragonabili a un sistema formativo ufficiale. Esse però hanno una grande importanza a livello simbolico, perché hanno permesso di dimostrare l'autonomia degli albanesi dalle istituzioni serbe, e a livello pratico, in quanto hanno almeno in parte soddisfatto i bisogni formativi di generazioni che altrimenti sarebbero state completamente perdute dal punto di vista dell'educazione, garantendo allo stesso tempo un sostegno minimo agli insegnanti che avevano perso il lavoro nelle scuole ufficiali.

In campo sanitario, in risposta al licenziamento dei medici albanesi si diffuse il boicottaggio degli ospedali statali; parallelamente, vennero organizzati ambulatori, in particolare dalla «Società di Madre Teresa». Questa è una associazione con compiti assistenziali che nacque all'inizio degli anni novanta e si sviluppò fino a raggiungere una presenza capillare sul territorio.

L'affidarsi agli ambulatori gestiti dallo «Stato parallelo» albanese, inadeguati sia dal punto di vista delle attrezzature che dei medicinali a disposizione, ha avuto tuttavia come effetto un peggioramento della situazione sanitaria nella popolazione albanese: la percentuale di vaccinati è passata dal 95% nel 1990 al 50% negli ultimi anni (Benedikter 1998, p. 81).

Oltre la metà dei finanziamenti necessari al funzionamento delle strutture parallele venivano raccolti in Kosovo (Clark 1998). Un'altra importante fonte di finanziamento era l'autotassazione della comunità kosovara-albanese all'estero, che versava il 3% delle proprie entrate in un fondo gestito dal governo in esilio.

In Germania l'emigrazione kosovara ha organizzato col tempo un sistema di «banche ombra» che assicurano il trasferimento di denaro in Kosovo. Esperti dell'Agenzia federale tedesca di controllo del sistema creditizio nel giugno del 1999 stimano il giro d'affari di questo circuito in un miliardo di marchi tedeschi l'anno (Dpa 1999). In questa somma confluiscono le rimesse degli emigrati, i finanziamenti allo «Stato parallelo» e i proventi da attività illecite.

Anche nel campo economico, gli albanesi risposero ai licenziamenti e alla richiesta di dichiarare la propria fedeltà alla Repubblica serba con l'abbandono delle strutture produttive e la creazione di un'economia informale.

Questa scelta apparentemente autolesionista ebbe effetti quasi paradossali negli anni successivi. Mentre i serbi

del Kosovo, per lo piú impiegati nell'esercito, nella buro-
crazia e nella grande industria statale, videro precipitare il
valore reale dei propri salari per effetto delle sanzioni internazionali e dell'iperinflazione, gli albanesi riuscirono a
mantenere un tenore di vita accettabile e a volte addirittura superiore grazie alle strutture dello Stato parallelo e al-
l'economia informale. Oltre alle cospicue rimesse degli
emigrati, una fonte di guadagno per gli albanesi era data
dal fiorente contrabbando con l'Albania sviluppatosi in
seguito alle sanzioni economiche dell'Onu contro la Jugoslavia. Allo stesso tempo, la provincia è diventata gradualmente il crocevia di diversi altri traffici illeciti, in particolare il commercio di stupefacenti (Peleman 1998).

Elementi culturali della resistenza: tradizione e rinnovamento

Il movimento nazionale albanese aveva un punto di
forza nella struttura sociale compatta e organizzata per
grandi clan o famiglie allargate degli albanesi in Kosovo.
La società kosovara-albanese guarda tradizionalmente
con sospetto le leggi dello Stato, e preferisce risolvere da
sola i propri conflitti, ad esempio sulla base delle norme
consuetudinarie della tradizione albanese (il *kanun*). Inoltre, la caratteristica di vivere in grandi unità familiari
compatte permise agli albanesi di assorbire il colpo del-
l'ondata di licenziamenti e di abbandoni volontari dal lavoro dell'inizio degli anni novanta con la redistribuzione
del reddito prodotto all'interno delle famiglie e il sostegno allo Stato parallelo.

Un importante elemento della cultura tradizionale nel
processo di mobilitazione e di resistenza è l'importanza
data alla promessa (la *besa*), il senso di appartenenza comune, il seguire tutti le «regole del gioco». Questo spiega
forse la compattezza con cui gli albanesi del Kosovo hanno seguito la leadership dell'Ldk fino al 1997 e il diffusis-
simo sostegno all'Uçk dal 1998 in poi.

La forza degli elementi culturali tradizionali si percepisce già nell'avvio del movimento di resistenza a Belgra-

do, durante gli scioperi operai dell'inverno 1988-89. Accanto all'ideologia titoista, ancora fortemente presente, la protesta assume anche la connotazione di una ribellione basata sui caratteri e sui valori nazionali (cfr. Maliqi 1998, p. 65).

Di particolare interesse è stato il lavoro di rinnovamento e trasformazione della società tradizionale, che ha avuto un ruolo di primo piano nello sviluppo della resistenza albanese in Kosovo. A questo proposito bisogna ricordare il «movimento per la riconciliazione», guidato dallo studioso di cultura albanese Anton Çetta, che tra il 1990 e il 1992 pose fine in tutto il Kosovo a un grande numero di faide, che regolavano i conflitti tra le famiglie in accordo con il codice normativo tradizionale della comunità albanese (Berisha 1997; Çetta 1997). Per chi dall'estero seguiva con simpatia la lotta condotta dagli albanesi in Kosovo per il suo carattere nonviolento, il movimento per la riconciliazione guidato da Çetta suscitò la speranza che un processo simile di dialogo e riavvicinamento sarebbe iniziato anche con la controparte serba (Salvoldi, Salvoldi, Gjergji 1997).

Il movimento albanese e la Serbia

Con il passare del tempo, alla diffusione della resistenza passiva si accompagnò la rottura di ogni contatto con Belgrado.

Nel maggio del 1992, poche settimane dopo l'inizio della guerra in Bosnia, in un momento di estrema tensione in Kosovo, il governo della Repubblica serba invitò alcuni rappresentanti del parlamento «parallelo» kosovaro ad iniziare un negoziato. Questi risposero che gli albanesi avrebbero accettato solo un incontro su terreno neutrale in presenza di mediatori internazionali (Troebst 1998, p. 21). Da allora, l'internazionalizzazione del conflitto nella forma della mediazione di una terza parte (preferibilmente l'Onu o l'Unione europea) diventò un obiettivo politico considerato irrinunciabile dalla leadership albanese in Kosovo.

Ci fu un solo momento in cui tra Belgrado e Priština sembrò avviarsi un dialogo costruttivo. Nel luglio del 1992 divenne primo ministro federale l'uomo di affari statunitense di origine serba Milan Panić. Questi si dimostrò aperto alla ricerca di soluzioni per il conflitto in Kosovo: il mese seguente incontrò Rugova a Londra e si disse favorevole alla reintroduzione dell'autonomia in Kosovo, a nuove elezioni e alla normalizzazione della situazione nella provincia. Alla fine dell'anno Milošević riuscí però ad estromettere Panić, senza che la situazione dei kosovari fosse mutata.

Un aspetto importante della politica di rinuncia a ogni rapporto con Belgrado da parte degli albanesi è stato il loro continuo rifiuto di partecipare alle elezioni degli organi rappresentativi della Serbia e della Federazione jugoslava, nel 1990, nel 1992 e nel 1993. Nel dicembre del 1992 l'astensione della comunità albanese alle elezioni fu uno dei fattori determinanti per la sconfitta di Panić.

Nel dicembre del 1993 l'Ldk decise di boicottare le elezioni parlamentari in Serbia. Altri esponenti del movimento albanese, invece, come Maliqi e Surroi, sostennero la necessità di partecipare alle elezioni per battere Milošević (Cereghini 1997). La linea del boicottaggio, tuttavia, non fu mai messa seriamente in discussione, e gli albanesi continuarono a disertare le urne nel 1996 e nel 1997.

Conclusione:
il conflitto in Kosovo tra il 1991 e il 1995

I primi anni novanta sono decisivi per la successiva evoluzione del conflitto in Kosovo. Entrambe le parti adottano strategie di conduzione del conflitto che, pur non conducendo alla guerra, accentuano la separazione delle comunità nazionali e impediscono l'avvio di un processo negoziale.

Il corso d'azione scelto dal regime serbo nel Kosovo prende la forma di una «repressione a bassa intensità», assai diversa dalla violenza della «pulizia etnica» che in quegli anni si manifesta in Croazia ed in Bosnia, ma che rende il Kosovo per tutti gli anni novanta la regione a piú alta densità di violazione dei diritti umani in Europa. Le autorità di Belgrado sembrano sopportare di buon grado i costi del regime di polizia imposto alla provincia a maggioranza albanese.

La tattica delle autorità serbe in questo periodo ha lo scopo di tenere il movimento nazionale albanese sotto una continua pressione, e contenere in questo modo il conflitto ad un determinato livello di escalation.

Nella prima metà degli anni novanta il governo serbo non vuole e non può imboccare la strada dell'escalation per decidere «definitivamente» l'esito del conflitto: non vuole perché non è interessato ad aprire un secondo fronte durante la guerra in Bosnia, non può perché si trova di fronte ad una resistenza disarmata, a cui non è possibile rispondere con un'offensiva militare in grande stile.

Il regime di polizia imposto contro gli albanesi allargherà costantemente il divario non solo tra governo e movimento nazionale albanese, ma anche tra i due gruppi etnici. Le autorità serbe sono vittima dell'illusione di poter controllare con la forza la situazione in Kosovo per un periodo di tempo indefinito, e che la discriminazione degli Albanesi possa assumere un carattere stabile. A questo si aggiunge anche il «fattore Milošević»: il presidente serbo ha legato a doppio filo la propria carriera politica al recupero della statualità della Serbia, ovvero all'abolizione dell'autonomia della provincia, e per questo non ha incentivo a ridiscuterne lo status.

Le scelte politiche compiute dalla dirigenza kosovara albanese in questi anni hanno senz'altro meriti grandissimi, in particolare se confrontate con le strategie dei movimenti nazionalisti del resto della (ex) Jugoslavia. La scelta di adottare metodi di lotta nonviolenti ha permesso di evitare per molti anni l'escalation e la catastrofe.

L'aver posto l'accento sullo sviluppo autonomo è un elemento assai importante del movimento nazionale albanese. Un primo indicatore è il superamento delle vendette di sangue, promosso dal «movimento per la riconciliazione». Un secondo elemento è la costituzione delle istituzioni parallele, in particolare in campo educativo.

La strategia della resistenza nonviolenta impostata da Rugova e dalla Ldk presenta però alcuni limiti molto seri, che ne limitano l'efficacia e la condannano in definitiva alla sterilità.

Un limite decisivo è il carattere statico, da «resistenza passiva», che assume la lotta nonviolenta in Kosovo. Con il passare degli anni il movimento albanese continua ad esprimere il proprio «no» alla politica serba di segregazione di fatto, proseguendo nella propria strategia di costruzione dello «Stato parallelo», ma persegue un obiettivo – l'indipendenza – del tutto irrealistico. La leadership albanese non riesce ad articolare obiettivi intermedi realizzabili all'interno di una strategia di lungo periodo che possano dare uno scopo concreto alla resistenza quotidiana dei kosovari. Quello dei kosovari albanesi diventa un «movimento statico», come è stato definito da una voce critica.

Un limite ulteriore della strategia adottata dagli albanesi è l'assenza di comunicazione con chi, all'interno della controparte, avrebbe potuto simpatizzare ed appoggiare la loro causa. Cosí, il contatto con l'opposizione democratica in Serbia è difficile e rimane confinato a poche eccezioni; lo stesso si può dire per le relazioni con altre minoranze nazionali in Serbia (ad esempio quella ungherĕse).

Il rifiuto di dialogare con le autorità di Belgrado è netto: eventuali negoziati potranno tenersi solo in presenza di mediatori internazionali. Se questa posizione è comprensibile in quanto i kosovari albanesi sono la parte debole in un conflitto asimmetrico, essa farà perdere almeno una occasione di dialogo molto importante, nei mesi in cui il primo ministro federale è Milan Panić. In definitiva, il fatto che gli albanesi del Kosovo non abbiano piú partecipato alla vita politica della Serbia e della Federazione jugoslava ha costituito un aiuto assai importante per la sopravvivenza del regime di Milošević.

L'indisponibilità al dialogo si intreccia con una ulteriore caratteristica negativa della conduzione del conflitto da parte dei kosovari albanesi, ovvero il cristallizzarsi del movimento intorno alla richiesta «massimalista» di creazione di uno stato del Kosovo indipendente dalla Rfj.

Dal punto di vista politico internazionale, il carattere irrealistico di tale rivendicazione era evidente. Tanto piú grave risulta questa scelta se si pensa che l'appoggio della «comunità internazionale» rimase una richiesta costante della Ldk per la soluzione del conflitto, e viene articolata in maniera particolarmente chiara con la richiesta di istituire un protettorato internazionale in un periodo transitorio per preparare la provincia all'indipendenza completa.

Abbiamo visto come nel 1989-90 questo esito non fosse già deciso. È in gran parte responsabilità della leadership della Ldk, e di Rugova in particolare, il fatto di non essere riusciti ad adattare i propri obiettivi politici alle condizioni generali in cui si inseriva il conflitto, né a prefigurare dei passi intermedi politicamente realistici in vista della aspirazione all'indipendenza nazionale. Salvo poi accettare l'autonomia del Kosovo all'interno della Serbia al tavolo negoziale di Rambouillet, alla vigilia della catastrofe.

Dal punto di vista degli attori esterni, questa constatazione porta a formulare la domanda: sarebbe stato possibile influenzare la leadership del Kosovo albanese per indurla ad accettare l'avvio di un processo negoziale senza pregiudiziali?

Come dimostrerà il processo di Rambouillet, l'intervento di una terza parte energica e attivamente impegnata alla soluzione avrebbe potuto far mutare rotta alla dirigenza del movimento albanese. Questo obiettivo avrebbe potuto essere raggiunto però solo se accoppiato ad un impegno credibile per una soluzione del conflitto che tenesse conto dei bisogni degli albanesi. La «comunità internazionale» ha un ruolo importante nella dinamica del conflitto in Kosovo: sull'occidente gli albanesi puntano tutte le loro speranze. È una amara ironia che l'intervento dell'occidente che porta la pace in Bosnia – il processo che culminerà con gli accordi di Dayton – causerà la fine del precario equilibrio in Kosovo.

4. La «comunità internazionale» e il Kosovo dalla dissoluzione della Jugoslavia socialista agli accordi di Dayton

Prima di trattare gli sviluppi del conflitto in Kosovo nella seconda metà degli anni novanta, è necessario esaminare le altre due guerre originate dalla dissoluzione della Jugoslavia, in Croazia e in Bosnia-Erzegovina, e il ruolo che la «comunità internazionale» ha assunto in questi conflitti. L'esito delle guerre e le scelte riguardanti l'intervento dell'occidente ebbero conseguenze dirette anche per il Kosovo.

Già nell'estate del 1991, poco dopo lo scoppio della guerra in Croazia, la Comunità europea intervenne in veste di mediatore tra le repubbliche secessioniste di Slovenia e Croazia e il governo di Belgrado. Nel luglio 1991, la «trojka» della Ce ottenne un compromesso: la Slovenia e la Croazia avrebbero rinviato l'indipendenza per tre mesi, e le parti si sarebbero impegnate ad un cessate il fuoco e alla ricerca di una soluzione politica al conflitto.

Nel corso dell'estate, però, i combattimenti in Croazia ripresero in maniera particolarmente cruenta. Sotto la pressione tedesca, i paesi della Ce mutarono atteggiamento e decisero in linea di principio di riconoscere le repubbliche secessioniste, ponendo tuttavia come condizione la tutela dei diritti umani e delle minoranze, il rispetto delle frontiere esistenti e l'adesione ai princípi democratici. Per stabilire quali repubbliche rispettassero tali criteri, il Consiglio dei ministri della Ce nominò una commissione presieduta dal giurista francese Badinter.

Secondo l'opinione dei giuristi comunitari, il diritto a creare nuovi Stati spettava solo alle repubbliche della ex Jugoslavia, e non alle due province autonome del Kosovo e Vojvodina. Facendo propria questa argomentazione, la Comunità rifiutò quindi la richiesta di riconoscimento dell'indipendenza del Kosovo, presentata dai rappresentanti albanesi nel dicembre del 1991.

Inoltre la commissione accertò che solo Slovenia e Macedonia soddisfacevano i requisiti di democrazia stabiliti dalla Ce: in questo caso però le decisioni politiche si discostarono dal parere dei giuristi. Il 15 gennaio 1992, soprattutto su pressione tedesca, vennero riconosciute Slovenia e Croazia, il 6 aprile la Bosnia-Erzegovina. In Bosnia fu proprio il riconoscimento della Ce a dare il segnale di inizio della guerra. La Macedonia invece, pur soddisfacendo i criteri richiesti, non venne riconosciuta per l'opposizione della Grecia, che non ammetteva l'uso del nome (successivamente il nuovo stato otterrà il riconoscimento come «ex Repubblica jugoslava di Macedonia»).

Tra il 1991 e il 1995 l'attenzione delle diplomazie e dell'opinione pubblica internazionale si concentrò sulla guerra guerreggiata. Dopo il fallito tentativo di soluzione complessiva durante la Conferenza per la Jugoslavia (di cui si parlerà tra un momento), lo sforzo dei mediatori assunse un approccio del «caso per caso». La mancanza di un progetto complessivo per l'intero spazio postjugoslavo e l'incapacità di riconoscere l'interdipendenza tra i diversi conflitti rimase da allora in poi uno dei limiti maggiori della politica europea e statunitense nella regione.

La guerra in Croazia terminò temporaneamente con la creazione di «aree protette» dell'Onu nelle regioni abitate dai serbi (Krajina, Slavonia orientale), ed abbandonate dai croati in seguito alle prime «pulizie etniche» del 1991-92.

Nel 1993 la guerra in Bosnia si intensificò, con lo scoppio di violenti scontri e «pulizie etniche» tra croati e musulmani bosniaci. Nel marzo 1994 gli Stati Uniti riuscirono a convincere le parti a terminare gli scontri e ad allearsi. Nonostante le finzioni diplomatiche, la «guerra fredda» tra croati e bosniaci e musulmani continua fino ad oggi.

Nell'aprile del 1994 Stati Uniti, Russia, Francia, Gran Bretagna, Germania crearono il Gruppo di contatto, un'associazione di Stati *ad hoc* che permetteva di elaborare strategie multilaterali per la soluzione dei conflitti in ex Jugoslavia tenendo conto della realtà emersa dal 1989, in particolare del nuovo ruolo della Germania. Nel 1996 anche l'Italia entra a farne parte. Gli sforzi diplomatici però non fermano la guerra in Bosnia.

Con due rapide e cruente operazioni militari, a maggio e ad agosto del 1995 la Croazia riconquistò le «aree protette» sotto mandato Onu. In seguito all'offensiva croata di agosto in Krajina, in pochi giorni oltre 200.000 serbi si rifugiarono in Serbia (dove la maggior parte di essi si trova tuttora): fu la maggiore singola ondata di rifugiati nella regione prima dell'ondata di rifugiati albanesi dal Kosovo, nel marzo 1999. Il conflitto in Croazia venne «risolto» con l'appoggio occidentale (e degli Stati Uniti in particolare) al governo di Zagabria, e «dimenticando» la catastrofe umanitaria con ne seguí.

Nel 1995 gli stessi Stati Uniti mediarono l'accordo di Dayton che pose fine alla guerra in Bosnia, e che, come vedremo, ebbe profonde ripercussioni sulla situazione in Kosovo.

La Conferenza internazionale sull'ex Jugoslavia

All'inizio degli anni novanta la diplomazia internazionale tentò di trovare una soluzione complessiva al problema posto dalla dissoluzione della Jugoslavia socialista: in una prima fase fu la Comunità europea ad assumere il ruolo di mediazione, convocando nel 1991 la Conferenza internazionale sull'ex Jugoslavia dell'Aia, presieduta da lord Carrington, e successivamente anche dal rappresentante dell'Onu Cyrus Vance.

In realtà la Conferenza copriva appena le differenze politiche all'interno della Comunità, con la Germania già orientata a riconoscere l'indipendenza di Slovenia e Croazia, mentre Gran Bretagna e Francia continuavano a sostenere la necessità di preservare l'unità della Jugoslavia.

La questione delle regioni abitate in maniera compatta dalle minoranze (quindi le Krajine, la Slavonia e le zone della Bosnia a maggioranza serba, ma anche la Vojvodina e il Kosovo) fu uno dei temi centrali della Conferenza. Le diverse proposte di accordo elaborate dai mediatori internazionali prevedevano uno «statuto speciale» per le minoranze nazionali che costituivano la maggioranza in determinate regioni, sul modello dell'Alto Adige (Caplan 1999).

Una prima bozza di accordo di pace presentata da Carrington alle parti nell'ottobre del 1991 prevedeva il ripristino dell'autonomia delle due province in Serbia ed un ampio autogoverno delle minoranze serbe in Croazia e in Bosnia, con garanzie internazionali. Il piano definitivo sottoposto al giudizio del governo serbo, tuttavia, non comprendeva piú la questione dell'autonomia del Kosovo: in quel momento i diritti e lo status degli albanesi in Kosovo costituivano poco piú che un «gettone» in mano ai negoziatori nel gioco diplomatico internazionale.

Nonostante le concessioni ottenute, la leadership serba non accettò di firmare il piano. Per questo motivo i ministri degli Esteri della Comunità europea, in margine al vertice di Roma della Nato l'8 novembre 1991, decisero di introdurre una serie di sanzioni contro la Jugoslavia, tra cui la revoca degli accordi commerciali, l'esclusione del paese dal sistema delle preferenze generali in materia commerciale e dal programma Phare, che offre finanziamenti ai paesi dell'est allo scopo di rafforzare la società civile e contribuire alla riforma delle strutture statali.

Nel maggio del 1992 il Consiglio di sicurezza dell'Onu dichiarò un embargo economico completo nei confronti della Rfj, fatti salvi alimenti e medicinali. Inoltre, le sanzioni colpirono i trasporti aerei, la cooperazione tecnica e scientifica, gli scambi sportivi e culturali e i viaggi ufficiali. Gli effetti delle sanzioni colpirono con estrema durezza l'economia serba negli anni seguenti, e contribuirono ad ammorbidire la posizione di Belgrado sulla Bosnia. Le sanzioni ebbero un forte effetto anche sul Kosovo, che divenne un crocevia per il contrabbando di merci di ogni genere.

La missione di lunga durata della Csce, 1992-93

La Conferenza per la sicurezza e la cooperazione in Europa (Csce, dal 1° gennaio 1995 Osce) era stata un importante luogo di dialogo tra gli Stati europei, l'Urss e gli Usa sulle questioni riguardanti la sicurezza durante la guerra fredda. Essa è l'unica *organizzazione inclusiva*, aperta in linea di principio a tutti gli Stati, presente in Europa (cfr. cap. 8). Questa caratteristica le ha permesso di intervenire in maniera attiva e con non pochi successi nei conflitti etnopolitici che hanno caratterizzato l'Europa centro-orientale negli anni novanta.

Al vertice di Helsinki, nel luglio 1992, la Csce sospese l'appartenenza della Repubblica federale jugoslava (Rfj, formata da Serbia e Montenegro) alla Conferenza stessa. Nello stesso periodo, la Conferenza decise di inviare una missione di lunga durata in Kosovo, Sangiaccato e Vojvodina: la partecipazione della Rfj sarebbe stata riconsiderata se non fossero state segnalate gravi violazioni dei diritti umani.

Le missioni di lunga durata si sono rivelate assai utili anche in altre situazioni di tensione, perché sono in grado di aprire canali di dialogo e avviare un processo di de-escalation (per l'esperienza negli Stati baltici v. Birckenbach 1996). La missione nelle tre regioni della Serbia abitate da minoranze aveva diversi compiti: la promozione del dialogo tra le autorità e i rappresentanti delle popolazioni locali; la raccolta di informazioni su eventuali violazioni dei diritti umani, e la promozione di soluzioni per tali problemi; l'assistenza alla soluzione di dispute e problemi specifici tra le parti, anche fornendo consulenze sulla legislazione in tema di diritti umani, protezione delle minoranze, libertà di informazione ed elezioni democratiche (Bloed 1993[a], p. 959). L'accordo sulla missione Csce fu reso possibile anche dalla nomina a primo ministro federale jugoslavo di Milan Panić, nel luglio del 1992 (v. cap. 3).

A metà del 1993 il sostegno fornito da Belgrado ai serbi bosniaci portò i vertici della Csce a decidere che la riammissione della Jugoslavia avrebbe rappresentato un segnale sbagliato; intanto Milošević aveva riacquisito un completo controllo dei vertici federali, e rispose alla mancata ammissione della Jugoslavia nella Csce negando il necessario assenso alla prosecuzione della missione.

Questa decisione pose fine ad un intervento di «diplomazia silenziosa» giudicato da molti assai proficuo, soprattutto per la promozione del dialogo tra i differenti gruppi della società (Bloed 1993, p. 36). La missione non aveva raggiunto risultati decisivi, ma ciò era dovuto anche all'atteggiamento rigido dei leader albanesi, i quali «rifiutavano tutte le condizioni che nella percezione ristretta, e a volte inconsistente, [degli albanesi] avrebbero potuto essere interpretate come un'accettazione della sovranità serba sul Kosovo» (dal rapporto finale del capomissione Bøgh, cit. in Troebst 1998, p. 29).

La fine della missione in Kosovo ebbe un immediato impatto negativo sulla situazione dei diritti umani nella provincia: il personale locale che aveva lavorato per la missione e diversi albanesi che avevano avuto contatti con essa vennero picchiati e arrestati (Troebst 1998, p. 29). Effetti analoghi, ma di proporzioni ben piú vaste, avrebbe avuto il ritiro degli osservatori Osce nel marzo del 1999.

Effetti negativi della politica delle sanzioni

Onu, Unione europea e Csce tentarono dunque a piú riprese di influenzare la Jugoslavia imponendo sanzioni in campo economico, politico, di scambi culturali ecc. Questa scelta soddisfaceva la necessità di intervenire nel conflitto senza dover ricorrere all'impiego problematico della forza militare.

Gli effetti economici delle sanzioni danneggiarono gravemente l'economia jugoslava, e contribuirono alla decisione del governo di Belgrado di isolare i serbi di Bosnia. Tuttavia ciò non portò alla fine della guerra nel paese.

D'altra parte, sanzioni di questo tipo hanno diversi effetti negativi. Gli effetti dell'embargo economico colpiscono la popolazione nel suo complesso, mentre l'isolamento di un paese comporta il rafforzamento, piú che l'indebolimento, dell'élite al potere. Le sanzioni sulla Serbia illustrano chiaramente questo effetto non voluto.

In campo politico-diplomatico l'esclusione della Federazione jugoslava dalla Csce ha impedito di usare strumenti politici e diplomatici che avrebbero potuto essere impiegati con efficacia. L'importanza di conservare una missione sul terreno nelle regioni della Serbia con una forte presenza di minoranze avrebbe potuto spingere la Csce/Osce a concedere l'ammissione della Rfj. La necessità della missione non fu però considerata una priorità dalla diplomazia internazionale. Secondo il segretario internazionale di Amnesty International, Pierre Sané: «una presenza di monitoraggio internazionale nella Rfj è vitale ed urgente, particolarmente a causa della situazione instabile in Kosovo. Allora perché [...] i governi non si stanno adoperando in stretta collaborazione per trovare una soluzione a tali ostacoli? I governi, il pubblico e i media possono essersi concentrati sulla guerra in Bosnia-Erzegovina, ma se non vengono intraprese subito azioni concrete per interrompere il ciclo di abusi incontrollati e crescenti tensioni nel Kosovo, il mondo potrebbe ritrovarsi ad osservare impotente una nuova conflagrazione» (Amnesty International 1993[2], p. 7).

Le sanzioni in campo sociale e culturale, come la mancata partecipazione al programma Phare dell'Unione europea e le sanzioni decise dall'Onu sui trasporti e gli scambi culturali, hanno invece colpito duramente gli oppositori effettivi e potenziali al regime di Milošević. Tali sanzioni resero piú difficili i contatti informali di intellettuali, esponenti dell'opposizione ecc., ed impedirono ai gruppi serbi critici nei confronti del regime di accedere ai finanziamenti esterni necessari. Ciò significò aumentare l'isolamento di giovani, donne, intellettuali che potevano rafforzare l'opposizione al sistema di potere di Milošević. L'effetto complessivo è stato quello di indebolire le possibili *reti di sostegno alla pace* all'interno della società serba (sul concetto v. Lederach 1997; Arielli, Scotto 1998).

Alla radice dell'inadeguatezza delle sanzioni come strumento di gestione dei conflitti etnopolitici è la nozione dello Stato come un soggetto astratto. Se uno Stato si rende responsabile di violazioni delle norme internazionali, i meccanismi di punizione – sia militari che economici e politici – non distinguono tra l'élite al potere, la società civile e la popolazione.

Kosovo 1992: un'occasione sprecata

Con la sconfitta di Panić, alla fine del 1992, si concluse una fase di pochi mesi in cui le autorità jugoslave avevano dato prova di una certa flessibilità. Il movimento nazionale albanese rispose ribadendo la propria chiusura nei confronti del sistema politico serbo. Ma la seconda metà del 1992 aveva presentato una opportunità anche per la «comunità internazionale», che avrebbe potuto sostenere Panić ai vertici dello Stato jugoslavo e sfruttare le possibilità aperte dalla missione di lungo periodo per avviare il dialogo in Kosovo. Pochi mesi dopo la missione Csce sarebbe stata interrotta dalla decisione di Milošević, in risposta alla mancata riammissione nella Conferenza. Si trattò di una importante occasione sprecata nella ricerca di una soluzione pacifica al conflitto.

Tuttavia, la situazione in Kosovo destava forti preoccupazioni. Il 27 dicembre, al termine del suo mandato, allarmato da un possibile giro di vite contro gli albanesi del Kosovo, il presidente statunitense George Bush inviò a Milošević un avvertimento confidenziale, minacciando un attacco aereo unilaterale conto obiettivi strategici in Serbia. La minaccia venne ripetuta da Clinton il 10 febbraio 1993 (Woodward 1995, pp. 306, 500). L'allora ambasciatrice statunitense all'Onu Albright dichiarò il 9 agosto dello stesso anno a una riunione del Consiglio di sicurezza: «Il messaggio del Presidente Bush è stato specifico e chiaro: siamo preparati a rispondere contro la Serbia nel caso di un conflitto in Kosovo causato da azioni serbe. Il segretario di Stato Christopher [della nuova amministrazione Clinton, n.d.a.] ha reiterato con fermezza il messaggio» (cit. in Troebst 1998, p. 64).

Purtroppo, gli strumenti civili di mitigazione del conflitto, come la missione di lunga durata della Csce, non avevano goduto di un'attenzione e di un investimento politico paragonabile a quello accordato alla politica della minaccia e all'uso della forza.

L'Onu, la Nato e l'ultimo atto della guerra in Bosnia

A partire dalla fine del 1992 l'attenzione internazionale venne assorbita dalla guerra in Bosnia. L'impegno della «comunità internazionale» nella guerra in Bosnia viene comunemente associato al fallimento della missione di «caschi blu» delle Nazioni Unite, e al ruolo decisivo dell'intervento militare Nato per i successivi accordi di Dayton. In un certo senso questi eventi costituiscono l'antefatto della politica delle minacce seguita dalla Nato nel 1998-99 (v. capp. 7-9). Inoltre, ritroviamo una caratteristica che caratterizzerà anche gli eventi del 1999: l'intervento degli Stati, piú che a risolvere i problemi posti dal conflitto locale, si orienta a conseguire obiettivi in una partita diversa, piú grande.

Dopo il fallimento dei tentativi di mediazione portati avanti dalla Comunità europea, sono le Nazioni Unite a svolgere un ruolo di primo piano nel tentativo di gestire il conflitto in Bosnia. Il Consiglio di sicurezza affronta il problema della guerra in decine di risoluzioni. L'Onu dispiega sul terreno in piena guerra la missione di «mantenimento della pace» Unprofor, con il compito di garantire l'assistenza umanitaria ai civili.

Il mandato della missione ben presto diventa contraddittorio, e soprattutto i «caschi blu» non dispongono dei mezzi e degli armamenti necessari per adempiere i compiti a loro affidati. Anche se della missione fanno parte diversi paesi Nato (Canada, Francia, Gran Bretagna, Olanda), le strutture informative Nato non forniscono con regolarità informazioni all'Unprofor. La situazione diventa drammatica per i bosniaci musulmani accerchiati dalle forze serbo-bosniache. Nel maggio del 1993 le enclave vengono dichiarate «asili sicuri» dal Consiglio di Sicurezza, anche se i paesi che vi siedono – ed i membri permanenti in modo particolare – sanno bene che la decisione non potrà mai essere efficace, perché nessuno Stato intende impegnare la quantità di truppe necessaria a difendere le enclave, che rimarranno sicure solo sulla carta. Così, alla missione Unprofor viene affidato un compito che essa non potrà mai portare a termine. Il Consiglio di sicurezza – e quindi i paesi principali dell'occidente – sono corresponsabili degli eventi del luglio 1995[4].

Tra il 1993 e il 1995 la Nato assume una posizione preminente nella guerra bosniaca. L'alleanza assicura il controllo della *no fly zone* sui cieli della Bosnia. Nel luglio del 1993 la minaccia di bombardamenti Nato porta i Serbi bosniaci a ritirare le armi pesanti dal perimetro di Sarajevo in un raggio di 20 km. Tuttavia, i raid aerei dell'Alleanza atlantica non sono in grado di *mettere in esecuzione* con la forza lo scopo desiderato (la difesa dei civili dagli attacchi dei serbi bosniaci); essi hanno solo l'obiettivo di *minacciare* ed eventualmente punire la controparte in caso di mancato adempimento di quanto stabilito dalle Nazioni Unite (su questa differenza decisiva, che incontreremo nuovamente nella guerra del 1999, v. il cap. 6).

Infine, nel 1995, dopo la presa di Srebrenica e il massacro compiuto dalle milizie serbo-bosniache (che i raid aerei alleati non sono riusciti a fermare), la Nato riesce a imporre alla parte serba il cessate il fuoco e la partecipazione alle trattative che si terranno nella base aerea di Dayton, negli Stati Uniti.

Dayton

La guerra in Bosnia si concluse con un grande coinvolgimento internazionale: nel settembre del 1995 dopo

---

[4]   Si veda a questo proposito Biermann, Vadset (1998).

diversi bombardamenti della Nato, i serbi accettarono una soluzione negoziale. Gli Stati Uniti fecero da mediatore, e l'accordo di pace venne garantito dal dispiegamento in Bosnia di una «forza di implementazione» (Ifor), guidata dalla Nato e dotata di oltre 30.000 soldati pesantemente armati.

La pace di Dayton prevede nominalmente il mantenimento dell'integrità territoriale della Bosnia-Erzegovina. Di fatto il paese è diviso in due «entità»: la Federazione croato-musulmana e la Repubblica serba hanno la maggior parte dei poteri. Di fatto, la «comunità internazionale» ha premiato la politica di odio etnico perseguita dai serbo-bosniaci anzitutto, e dalle loro controparti croata e musulmana in seconda battuta.

Il governo di Belgrado ricevette numerosi vantaggi dagli accordi di Dayton. L'embargo economico contro la Jugoslavia fu tolto, mentre rimase in vigore la cosiddetta «parete esterna» di sanzioni: la piena ammissione della Federazione nelle organizzazioni internazionali (tra cui l'Osce), e la sua partecipazione alle istituzioni finanziarie internazionali.

Negli accordi di Dayton il Kosovo viene menzionato di passata: si parla solo di un impegno generico delle parti per la soluzione del conflitto in atto con gli albanesi. La soluzione del conflitto viene considerata come una delle precondizioni per eliminare la «parete esterna» delle sanzioni.

All'indomani di Dayton i paesi dell'Europa occidentale sono ansiosi di archiviare i problemi dei vicini balcanici. Cosí i governi europei rimuovono del tutto il conflitto del Kosovo dalla propria agenda: nell'ex Jugoslavia, dopo quattro anni di guerra guerreggiata e di massacri di civili, si tratta di passare al *business as usual*, ai soliti affari.

Dopo la guerra in Bosnia: il nuovo ordine internazionale alla fine degli anni novanta

Gli eventi dell'ultima fase della guerra in Bosnia sono decisivi per comprendere l'evoluzione degli attori internazionali protagonisti della guerra del Kosovo: i paesi del Gruppo di contatto ed in particolare gli Stati Uniti, le Nazioni Unite, la Nato.

All'inizio degli anni novanta le Nazioni Unite si candidavano a giocare un ruolo importante nella nuova architettura del sistema internazionale. Nel 1992 l'*Agenda per la pace* dell'allora segretario generale Boutros Ghali, avanzò una serie di proposte per migliorare l'azione dell'Onu in campi che andavano dalla diplomazia preventiva al mantenimento e alla costruzione della pace. Contemporaneamente, vi fu un repentino aumento nel numero di operazioni di *peacekeeping* e diversi conflitti internazionali vennero risolti grazie all'intervento dell'Onu.

Questa fase di aumento di importanza delle Nazioni Unite subí un sostanziale rallentamento con il fallimento dell'operazione in Somalia e soprattutto con la vicenda della Bosnia dal 1992 al 1995. La delegittimazione delle missioni di *peacekeeping* delle Nazioni Unite sarà uno dei fattori che permetterà alla Nato di trovare un nuovo ruolo come organizzazione militare regionale e legittimarsi in quanto «fattore d'ordine» in Europa nella seconda metà degli anni novanta.

5. La quiete prima della tempesta. La fortuna di Milošević in occidente (1996-97)

Agli occhi dell'opinione pubblica internazionale il 1996 e il 1997 sono anni tranquilli in tutta la ex Jugoslavia. In Kosovo, non uno dei problemi che ha scavato un fossato profondissimo tra le due comunità è stato risolto, anzi il dominio diretto di Belgrado sembra essersi consolidato. La resistenza nonviolenta prosegue, e le istituzioni parallele continuano la propria esistenza precaria. È una situazione di stallo dove ognuna delle parti, per motivi diversi, è attenta a non rompere il precario equilibrio che si è venuto a creare (Tindemans *et al.* 1996, p. 114).

Il governo di Milošević incassa il guadagno in termini politici derivante dal suo ruolo di «costruttore della pace» in Bosnia. Nell'aprile del 1996 l'Unione europea accorda il riconoscimento diplomatico alla Repubblica federale di Jugoslavia. Nonostante il conflitto in Kosovo abbia assunto la forma di un regime di *apartheid* di fatto, i Quindici si limitano ad osservare che il miglioramento delle relazioni con la Rfj dipenderà, tra l'altro, da un approccio costruttivo nella questione dell'autonomia del Kosovo (cit. in Caplan 1999, p. 750). La Germania decide all'indomani di Dayton il rimpatrio di 130.000 albanesi immigrati negli anni precedenti (Troebst 1998, p. 49). Per i kosovari albanesi, al danno di essere stati esclusi da Dayton si aggiunge la beffa di una Unione europea a dir poco conciliante con il regime di Milošević.

È singolare come il periodo di relativa forza a livello internazionale, con la sospensione delle sanzioni piú pesanti, corrisponda a un momento di profonda crisi interna per il regime di Belgrado. A fine 1996 centinaia di migliaia di persone, seguendo l'appello del fronte di opposizione *Zajedno* si riversano nelle piazze di Belgrado, Niš e altri centri della Serbia per protestare contro la decisione di annullare le elezioni comunali nelle grandi città in cui avevano vinto gli oppositori dei socialisti di Milošević. Il fiume di manifestanti per le strade delle città serbe sembra segnalare l'inizio di una fase di apertura e risveglio della società civile: una sorta di recupero di quello che non era avvenuto in Serbia negli anni intorno al 1989.

Agli inizi del 1997 il regime è costretto ad accogliere le richieste dei manifestanti. In diverse città si insediano amministrazioni comunali guidate dall'opposizione. Ben presto però i partiti che fanno parte dell'alleanza *Zajedno* si dividono, e il movimento di opposizione perde mordente.

Gli albanesi del Kosovo non erano riusciti a rompere il proprio isolamento negli anni precedenti. Cosí, nel 1996 il movimento di resistenza albanese non è in contatto né con gli ambienti dell'opposizione democratica di Belgrado, né con esponenti di altre minoranze in Vojvodina o nel Sangiaccato. Secondo la dichiarazione di un esponente dell'opposizione della comunità ungherese, «gli albanesi sembrano reclamare per sé il monopolio dei diritti umani».

Gli affari dell'occidente con la Jugoslavia

Mentre formalmente viene tenuta in piedi la «barriera esterna» delle sanzioni, che impedisce tra l'altro alla Jugoslavia di procurarsi capitali attraverso accordi con il FMI, nel 1996 e soprattutto nel 1997 con il regime di Milošević c'è chi fa ottimi affari. Le aziende italiane sono in prima fila: in particolare la Stet, insieme all'azienda di telecomunicazioni greca Ote, acquista il 49% della Telekom jugoslava. Il totale della transazione è di circa 1 miliardo e mezzo di marchi tedeschi; di questi, 893 milioni vengono sborsati dalla società italiana. L'80% della somma concordata viene versato immediatamente: in questo modo il governo di Milošević è finalmente in grado di pagare stipendi e pensioni arretrati, e di prepararsi cosí alla campagna elettorale.

Il caso della privatizzazione della Telekom serba non è che il piú eclatante. La holding greca Myltineos acquista proprio in Kosovo per 519 milioni di dollari una partecipazione alla miniera di zinco di Trepča, teatro delle prime grandi proteste albanesi all'inizio del decennio, che adesso dà lavoro soltanto a serbi o a manodopera straniera (*Gesellschaft für Bedrohte Völker* 1998).

Alle elezioni parlamentari e presidenziali in Serbia (rispettivamente nel novembre del 1996 e nel settembre-ottobre del 1997), nonostante le pressioni internazionali gli albanesi continuano a disertare le urne. Ormai non c'è piú nemmeno bisogno di un appello da parte della leadership (Cereghini 1997).

Nel sistema politico serbo, nonostante il colpo messo a segno con le privatizzazioni, la predominanza del Partito socialista di Milošević comincia a dare segni di cedimento. Alle elezioni politiche i socialisti non raggiungono la maggioranza assoluta in parlamento, e sono costretti a formare una coalizione con il Partito radicale di Šešelj. Alle elezioni presidenziali serbe i socialisti riescono a far eleggere il proprio candidato Milutinović solo con grande difficoltà.

In Montenegro, invece, le elezioni presidenziali vengono vinte dall'oppositore di Milošević Djukanović. Questi persegue un corso di apertura del paese all'occidente e di riforme economiche. Da allora a livello federale i rappresentanti delle due repubbliche sono in perenne conflitto.

Gli albanesi del Kosovo dopo Dayton

Gli accordi di Dayton, che concludono la guerra in Bosnia, producono uno shock immediato nel panorama politico kosovaro: i serbi bosniaci, che hanno la responsabilità di aver iniziato la guerra e di aver commesso le maggiori violenze, ottengono la sovranità di fatto nella «Repubblica serba» di Bosnia.

In Kosovo il movimento nazionale, fino a pochi mesi prima compatto intorno alla leadership dell'Ldk, si divide. Rugova, che negli ultimi anni ha accentrato il potere all'interno della scena politica kosovara, continua però a perseguire la stessa politica di resistenza passiva come all'inizio del decennio.

Ai diplomatici non sfugge che gli accordi di Dayton hanno estremamente indebolito la leadership di Rugova e rafforzato il ruolo di Milošević nell'intera regione. Soprattutto gli Stati Uniti decidono quindi di mettere la leadership kosovara sotto pressione per giungere ad un accordo. Si parla di un coinvolgimento in funzione di mediatore di Carl Bildt, alto rappresentante dell'Onu in Bosnia-Erzegovina.

Alla fine sarà la «diplomazia dietro le quinte» della Comunità di Sant'Egidio a mettere a segno il primo – ed unico – risultato negoziale tra leadership kossovara e governo di Belgrado, cioè Milošević. Il *memorandum of understanding* sul ritorno degli studenti e degli insegnanti albanesi nelle scuole viene firmato a Belgrado il 1° settembre 1996 da Milošević e Rugova, ed è il risultato della mediazione di mons. Vincenzo Paglia. L'accordo prevede il ritorno nelle strutture statali di 300.000 tra alunni ed insegnanti delle scuole. Una commissione paritetica di sei persone (tre albanesi e tre serbi) è incaricata di organizzare la messa in pratica dell'accordo.

Purtroppo il *memorandum of understanding* presenta alcune debolezze di fondo: anzitutto non è chiaro se il ritorno nelle istituzioni scolastiche ufficiali riguarda anche gli studenti universitari. In secondo luogo, anche per le scuole l'interpretazione dell'accordo è antitetica: secondo Belgrado si tratta del reinserimento degli albanesi nel sistema educativo della Serbia, senza pregiudizio per la competenza delle autorità serbe a regolare i contenuti dell'insegnamento. Per gli albanesi l'accordo implica un trasferimento di competenze e la garanzia di poter usufruire delle strutture e delle risorse statali. Infine, nell'accordo non vengono previsti tempi precisi e procedure verificabili per la messa in pratica.

La conclusione dell'accordo viene accolta positivamente in Kosovo, ma le aspettative legate alla normalizzazione del sistema scolastico vengono deluse dopo alcuni mesi. Il gruppo paritetico non ha mai seriamente iniziato il proprio lavoro.

Con la firma dell'accordo, il regime di Milošević migliora ulteriormente la propria immagine all'estero. Lo stesso giorno della firma dell'accordo, alquanto precipitosamente, il ministro degli Esteri italiano Dini dichiara che a questo punto la «parete esterna» di sanzioni contro la Jugoslavia può essere tolta (L'Abate 1997[b], p. 96).

Il movimento albanese tra resistenza passiva e «intifada»

A partire dall'inizio del 1996 si moltiplicano gli appelli di esponenti del movimento albanese ad iniziare una strategia sul modello dell'*intifada* palestinese, quindi basata sulle proteste di massa. Questa scelta verrà messa in pratica alcuni mesi dopo dalla componente studentesca del movimento, sfidando apertamente la leadership di Rugova.

Altri esponenti albanesi, invece, mettono in questione l'obiettivo politico dello Stato indipendente perseguito dall'Ldk, proponendo la creazione di uno Stato federale o una confederazione con la Serbia e il Montenegro: Adem Demaçi propone in un articolo pubblicato a Priština e a Belgrado l'istituzione della Balkania, una confederazione di Serbia, Montenegro e Kosovo, tre Stati «liberi, sovrani ed indipendenti [...] per mantenere al massimo tutti gli interessi vitali di questi tre paesi [...], senza cambiare con la forza i confini nella zona della ex Jugoslavia» (Demaçi, cit. in L'Abate 1997, p. 229).

Nel novembre del 1997, Demaçi, la Lega dei sindacati del Kosovo e diversi partiti politici formano il «Forum democratico», con l'intenzione di rompere il monopolio della Ldk sul movimento nazionale albanese. Scopo del

Forum democratico è la promozione di una politica di «resistenza civile attiva» contro l'opposizione serba (Calic 1998, p. 406): vengono prospettate azioni dirette nonviolente come l'occupazione di scuole e fabbriche, in particolare mirando all'applicazione dell'accordo Milošević-Rugova sull'istruzione (L'Abate 1998). Tra la fine del 1997 e l'inizio del 1998 gli studenti scendono nuovamente in piazza, sfidando la polizia serba.

In questo momento il movimento nazionale albanese sembra però non riuscire a trovare una strategia unitaria ed incisiva: in particolare, l'opzione strategica di Rugova della costruzione di strutture parallele viene vista in opposizione ad una strategia piú assertiva, e non (come sarebbe forse piú logico) come forma complementare di lotta (L'Abate 1998; Clark 1998).

Intermezzo: il collasso dell'Albania

Nella primavera del 1997, in Albania, il governo guidato dal Partito democratico di Sali Berisha viene travolto dal crollo dei truffaldini «schemi piramidali», che inghiottono i risparmi di milioni di famiglie. Nel giro di pochi giorni il paese cade nel caos: edifici e proprietà pubbliche vengono devastati, polizia ed esercito si sciolgono, le caserme vengono saccheggiate. In diverse città viene segnalata la presenza di albanesi del Kosovo, coinvolti in varia misura nei disordini. Miracolosamente, l'Albania si ferma sulla soglia della guerra civile. Nei mesi successivi nel paese ritorna gradualmente la calma; una missione militare a guida italiana, l'operazione «Alba», contribuisce a stabilizzare la situazione. Le nuove elezioni a giugno vedono la vittoria del Partito socialista di Fatos Nano.

Il repentino collasso dell'Albania ha l'effetto di mettere improvvisamente in circolazione una grande quantità di armi, indispensabili per coloro i quali intendono dare il via ad una campagna di resistenza armata contro la dominazione serba nel Kosovo. Le stime parlano di circa 700-800.000 armi leggere sottratte dagli arsenali dell'esercito albanese (International Crisis Group 1999).

Anche nella gestione della crisi albanese si può constatare che l'intervento internazionale ha seguito l'approccio del «caso per caso». La risoluzione 1101 del Consiglio di sicurezza Onu menziona che la crisi albanese costituisce una minaccia alla pace e alla sicurezza nella regione, e autorizza i paesi membri a dispiegare in Albania una missione in base al capitolo VII della Carta, quella che sarà la «Forza multinazionale di protezione» (Fmp), guidata dall'Italia. Questa disposizione significa che la missione non dipende dal consenso delle parti in causa e che i militari potranno, se necessario, fare uso della forza contro chi opponesse resistenza. Tuttavia il Consiglio di sicurezza non fa parola del conflitto nel Kosovo, e della possibilità che la situazione instabile in Albania «contagi» la vicina provincia della Serbia.

Il Kosovo e la diplomazia internazionale, 1996-97

Nel dicembre del 1995 il *Peace Implementation Council* (Pic) prende il posto della Conferenza internazionale sull'ex Jugoslavia; inoltre, viene creato l'ufficio dell'Alto Rappresentante (Ohr) per la messa in pratica del capitolo civile degli accordi di pace per la Bosnia firmati a Dayton. Il comitato che, all'interno della Conferenza, si era occupato del Kosovo (Il «Gruppo di lavoro sulle minoranze e comunità etniche e nazionali»), viene aggregato all'Ohr. Poiché però questo organismo ha il compito di promuovere il processo di pace in Bosnia-Erzegovina, la questione del Kosovo rimane in ombra. In questo periodo la cooperazione del governo di Milošević nelle questioni riguardanti la Bosnia è essenziale. È chiaro quindi che il «Gruppo di lavoro» avrebbe non possiede il peso politico e lo spazio di manovra necessario per affrontare i problemi del Kosovo.

Dal canto suo l'Unione europea in questi anni moltiplica gli appelli alla Repubblica federale jugoslava affinché questa garantisca un'ampia autonomia al Kosovo. Neppure l'Ue però prende iniziative politiche dirette, sul Kosovo, e preferisce delegare l'azione al «Gruppo di lavoro». Nonostante le preoccupazioni espresse sulla situazione nella provincia, nell'aprile 1996 l'Ue decide l'abolizione delle sanzioni e la concessione a Belgrado di preferenze commerciali. Pochi mesi dopo inizierà la stagione dei grandi affari, con la privatizzazione di importanti imprese jugoslave.

Nell'aprile del 1997 il Consiglio dei ministri degli Esteri dell'Unione approva una strategia sull'applicazione del principio di condizionalità allo sviluppo delle relazioni tra l'Ue e i paesi dell'Europa sudorientale non associati all'Unione (Bosnia, Croazia, Rfj e Macedonia). In particolare l'accoglimento della Rfj nel programma comunitario Phare per gli incentivi alla democratizzazione viene condizionato ad una «credibile offerta» da parte del governo di Belgrado per un «vero dialogo sullo status del Kosovo» (cit. in Troebst 1998, p. 50). Per arrivare ad un accordo di cooperazione con l'Ue, Belgrado avrebbe dovuto provare la sua disposizione a cooperare e ad intrattenere relazioni di buon vicinato con gli altri paesi della regione, ed inoltre garantire un ampio grado di autonomia al Kosovo.

Nell'ottobre del 1997, l'Ue offre un sostegno economico a Belgrado per giungere a una soluzione della questione riguardante le istituzioni educative nel Kosovo sulla base dell'accordo dell'anno precedente.

Il 30 dicembre, poiché la Rfj non ha messo in pratica l'accordo sul sistema educativo firmato del 1996, il Consiglio dei ministri annuncia una sospensione temporanea delle preferenze commerciali accordate a Belgrado nell'aprile precedente.

Dietro le dichiarazioni, il comportamento concreto degli stati dell'Ue è però ben diverso: «mentre la Commissione Europea decideva di non rinnovare il regime di preferenze commerciali per la Jugoslavia nel dicembre 1997, la Gran Bretagna e l'Italia erano impegnate a finanziare l'apertura di una borsa a Belgrado; l'ambasciata britannica usava i servizi di un consulente della HSBC Investment Bank per promuovere gli affari; l'Italia apriva un ufficio commerciale a Belgrado; imprese tedesche, francesi e greche conducevano numerose trattative d'affari» (Caplan 1999, p. 753).

Il contrasto tra la (astratta) volontà di esercitare pressione su Belgrado e la (concreta) affannosa lotta per accaparrarsi quote di mercato e influenza economica nella

Rfj da parte dei governi e delle imprese europee non potrebbe essere piú evidente.

Durante la presidenza britannica, nel primo semestre del 1998, l'Unione lancia nuovi segnali di dialogo. Nel gennaio del 1998, il ministro degli Esteri britannico Robin Cook si appella alle autorità serbe per la messa in pratica dell'accordo sull'educazione, e prende le distanze da «ogni atto di violenza e dal terrorismo» (cit. in Troebst 1998, p. 55). Nel febbraio del 1998, il capo unità per l'Albania e la ex Jugoslavia, il tedesco Kretschmer, visita Priština e ha un colloquio con funzionari del governo serbo sulla possibilità di aprire un ufficio Ue a Priština e su questioni riguardanti la democratizzazione nel Kosovo (Troebst 1998, p. 55).

La «segnalazione tempestiva» funziona, la politica non risponde

I *think tanks* europei che si occupano di politica internazionale cercano in diverse occasioni di mettere in guardia i decisori politici dalla sottovalutazione del conflitto nel Kosovo.

L'Unione europea ha creato nel 1997 il *Conflict Prevention Network*, una rete di istituti di ricerca europei con lo scopo effettuare una diagnosi precoce delle situazioni di conflitto e di potenziale crisi a livello internazionale. A metà del 1997 il Cpn redige uno studio dettagliato sulle possibilità di intervenire con mezzi diplomatici nel conflitto del Kosovo (Calic 1997), dove si legge: «i problemi del Kosovo rimangono il conflitto piú intenso nei Balcani meridionali e possono sfociare nella violenza in ogni momento, iniziando con scontri tra albanesi e serbi e contagiando paesi limitrofi, coinvolgendo forse anche paesi dell'Unione Europea e della Nato». Il paper prosegue delineando un approccio a tre stadi, consistente in misure a breve, medio e lungo termine, con l'idea di aumentare progressivamente la presenza e l'impegno dell'Unione nel conflitto.

A breve termine, l'obiettivo dell'Ue viene visto nella creazione di un elemento di fiducia nei confronti degli interlocutori europei, basato in buona parte sull'attività diplomatica «dietro le quinte», con l'obiettivo di stabilire una presenza permanente nel Kosovo. Questa prima fase dovrebbe avere come punto di arrivo l'apertura di una presenza permanente di «basso profilo» dell'Unione europea a Priština.

In una seconda fase, il *policy paper* prevede un maggiore impegno dell'Unione nel campo dei diritti umani, e la nomina di un «inviato speciale», con un'ottima reputazione a livello internazionale. Vengono identificate diverse possibilità per migliorare in positivo la situazione tra le parti, come la realizzazione di progetti per il miglioramento della qualità della vita (ad esempio con progetti nel campo della sanità), sulla falsariga dell'accordo sull'educazione. In questa fase l'Unione dovrebbe incoraggiare anche un approccio regionale di avvicinamento e cooperazione tra i diversi paesi dell'area balcanica, innanzitutto tra Albania e Serbia. Obiettivo della fase intermedia è un *memorandum of understanding* tra serbi e albanesi che non regoli le questioni alla base del conflitto, ma che ponga le basi per un *modus vivendi* piú umano nella provincia.

Nel lungo termine, una mediazione internazionale dovrebbe rendere possibile un negoziato tra le parti sullo status definitivo del Kosovo. Anche se il *policy paper* avanza una proposta di soluzione basata su uno status di autonomia «su misura», l'autrice sottolinea che «sarebbe comunque altamente inappropriato, per una terza parte, prescrivere quale dovrebbe essere il risultato di una mediazione» (Calic 1997, p. 19).

Nonostante la concretezza dei passi proposti, il *policy paper* del Conflict Prevention Network non provoca reazioni di rilievo da parte dell'Unione europea.

Le proposte della «diplomazia di secondo livello» per una soluzione del conflitto

Nell'analizzare il ruolo assunto dalle terze parti internazionali nel conflitto tra albanesi del Kosovo e regime serbo, l'attenzione si incentra di solito sugli attori del «mondo degli Stati»: le diplomazie dei diversi paesi, le grandi organizzazioni internazionali, la Nato o il Gruppo di contatto. Meno noto, ma di grande importanza, è il lavoro della società civile internazionale, impegnata in quella che è stata chiamata «diplomazia popolare» o «del secondo binario» (*track two diplomacy*). In Kosovo vi sono state numerose attività di questo tipo durante tutto il decennio, nell'intento di evitare la guerra e la destabilizzazione dell'area[5].

Nella fase che si apre con gli accordi di Dayton sono diverse le organizzazioni non governative internazionali che lavorano per stimolare la ricerca di una soluzione pacifica nel Kosovo. Si tratta in buona parte di istituzioni universitarie o di ricerca, di fondazioni e di organizzazioni del movimento per la pace di diversi paesi, tra cui Italia, Germania, Svezia, Stati Uniti. Tra le organizzazioni italiane, oltre alla già menzionata Comunità di Sant'Egidio, va ricordata almeno la Campagna per una soluzione nonviolenta nel Kosovo, presente in Kosovo per anni.

Oltre alla ricerca riguardante le caratteristiche del conflitto e delle relazioni tra serbi e albanesi, il lavoro di tali organizzazioni comprende anche la promozione di occasioni di dialogo tra rappresentanti non ufficiali delle due parti, e l'elaborazione di proposte riguardanti una soluzione politica, un processo di de-escalation, e le possibili forme di partecipazione internazionale.

Proprio riguardo al possibile coinvolgimento internazionale nel conflitto del Kosovo colpisce la ricchezza delle proposte, che vanno ben al di là della politica delle sanzioni perseguita fino ad allora dalla «comunità internazionale». Vengono descritti una serie di *incentivi positivi*, che potrebbero contribuire a portare le parti verso posizioni piú flessibili: la piena reintegrazione nelle istituzioni internazionali (quindi l'abolizione del «muro esterno» delle sanzioni, rimasto in vigore dopo Dayton), l'appog-

---

[5]   Al riguardo si veda l'ampia documentazione raccolta dal sociologo Alberto L'Abate (1997 b; 1999). V. inoltre Troebst (1998).

gio internazionale ad istituzioni culturali ed educative pluralistiche, come una università unificata; il sostegno ad una maggiore integrazione economica della regione e della regione con il resto dell'Europa.

Altrettanto ampie sono le *possibilità di intervento costruttivo* da parte di attori esterni proposte o direttamente condotte da queste organizzazioni. La fondazione svedese Tff, presente per molti anni in Europa sudorientale con un progetto per la «mitigazione del conflitto», propone la costituzione di un'Autorità temporanea delle Nazioni Unite per una soluzione negoziata (Untans): in base a questa proposta, l'Onu potrebbe assumere l'amministrazione della provincia per un periodo transitorio, creando le condizioni per il ristabilimento della fiducia tra le parti e dando loro la possibilità di cercare attraverso il dialogo una soluzione definitiva al conflitto.

La Campagna per una soluzione nonviolenta nel Kosovo ha proposto un intervento mirante alla facilitazione di un dialogo «dal basso», all'interno della società piú che tra i vertici politici, con l'invio di un «Corpo europeo di pace» non armato e con una solida preparazione nel campo dell'azione diretta nonviolenta, della mediazione e della risoluzione nonviolenta del conflitto, oltre all'apertura di un Centro di cultura europeo.

Le responsabilità della «comunità internazionale» nel 1996-97

Gli eventi del biennio 1996-97 costituiscono un esempio chiaro dell'incapacità da parte della diplomazia internazionale di cogliere gli evidenti segnali di allarme che provengono dal Kosovo. Tutti gli osservatori sanno che la precaria coesistenza tra le autorità serbe e lo stato parallelo degli albanesi non può durare (Tindemans *et al.*, p. 114-115). Anziché lanciare credibili iniziative diplomatiche per risolvere il conflitto, gli Stati occidentali perseguono in ordine sparso una politica in cui la priorità principale (non dichiarata) è la conquista dei mercati in ex Jugoslavia e la partecipazione alle privatizzazioni: il caso della Stet italiana è emblematico. Il credito politico ottenuto da Milošević con Dayton frutta alle casse dello Stato jugoslavo entrate in valuta pregiata che gli evitano la bancarotta.

Alla fine del 1997 è ancora possibile avviare un processo negoziale: l'accordo sulle scuole del settembre 1996 non è ancora stato definitivamente abbandonato, e potrebbe diventare un punto di partenza per un riavvicinamento. Nel momento decisivo per l'inizio di un negoziato manca però una leadership a livello internazionale e una chiara visione strategica riguardo al futuro del Kosovo.

Nel corso di questi due anni prosegue l'erosione della leadership di Rugova e dell'Ldk. L'ultimo intermezzo prima della guerra è il rafforzamento dell'ala che punta su una strategia del tipo *intifada*, soprattutto tra gli studenti, e il connesso ritorno delle manifestazioni di massa.

La dura repressione della polizia serba provoca la sospensione delle preferenze commerciali da parte dell'Unione europea di cui si è già parlato.

Complessivamente, il risultato dell'occasione perduta nel 1996-97 è stato la progressiva perdita di terreno delle iniziative politiche moderate, deluse della mancanza di attenzione della comunità internazionale, e la nascita di un movimento di lotta armata, l'Uçk, che ha «imparato la lezione»: se gli sforzi civili della popolazione kosovara non inducono la diplomazia ad agire con incisività nei confronti di Belgrado, allora sarà l'uso della violenza a indurre la «comunità internazionale» a diventare parte integrante del conflitto.

È quello che accadrà a partire dalla fine del 1997, quando l'improvvisa escalation del conflitto e all'attenzione nei media internazionali porterà alla trasformazione dell'occidente in parte attiva. Per la precisione alla fase di escalation del «primo tipo» (cfr. cap.1), tra due attori posti l'uno contro l'altro in una situazione di conflitto reciproco (seppure asimmetrico), s'aggiunge la fase dell'escalation *coercitiva*, dove una parte (l'Unione Europea, gli Usa) agisce per indurre la parte avversa (la Serbia) ad un determinato comportamento.

Si tratta di una fase del conflitto dalla natura profondamente diversa: nel prossimo capitolo, prima di passare agli eventi del 1998 e del 1999, si cercherà di approfondire gli aspetti teorici dell'escalation coercitiva che sono necessari per la comprensione dei meccanismi all'opera in questo tipo di conflitto.

6. Il conflitto e l'escalation coercitiva

> La soluzione in Vietnam è: piú bombe, piú granate, piú napalm... finché l'altra parte viene distrutta e cede
> Generale di brigata William C. De Puy, 1ª Divisione US, Lai Khe, 13.1.1967

Con l'analisi della dinamica conflittuale «coercitiva» introduciamo la parte relativa all'internazionalizzazione del conflitto, dagli eventi del 1998 fino al confronto tra Nato e Jugoslavia e alla successiva guerra.

Analogie dal passato

Nei giorni immediatamente successivi all'inizio dei bombardamenti contro la Jugoslavia fu sollevato a piú riprese un paragone storico: la situazione si stava sviluppando in modo simile a quella che negli anni sessanta avrebbe portato alla guerra del Vietnam. Anche allora, cosí come oggi nel conflitto nel Kosovo, la motivazione dichiarata dell'impegno militare fu la difesa del «mondo libero», un senso di obbligazione morale e la salvaguardia dei diritti umani che negli anni cinquanta (guerra di Corea) e sessanta (Vietnam) coincideva con il contenimento del comunismo.

Il timore di una nuova guerra del Vietnam con la crisi in Kosovo fu espresso da piú parti agli inizi dell'azione militare, nella prima settimana di bombardamenti esperti militari inglesi avevano addirittura pronosticato una guerra di cinque anni come minimo. Molte sono state le analogie tra le due guerre: nelle prime fasi della partecipazione attiva degli Usa nel Vietnam vi era per esempio un forte disaccordo sulla funzione dei bombardamenti. I militari puntavano con essi ad una oggettiva limitazione delle capacità del Vietnam del nord, mentre molti politici continuavano a vedere in essi un'applicazione di «diplomazia della forza». La distruzione di tutti gli obiettivi non avrebbe lasciato piú spazio di «contrattazione» per mezzo delle minacce. L'atteggiamento ambiguo fondato sulla sicurezza iniziale che sarebbero bastati pochi bombardamenti per far desistere i vietkong fu motivo per questi ultimi di convincersi che la posta in gioco statunitense non era alta come la loro e dunque a continuare la loro guerra per la riunificazione del paese. Di fatto con il passare del tempo la posta in gioco divenne alta anche per gli Usa: da un certo punto in poi non si trattò piú di difendere il governo del Sudvietnam ma di «salvare la faccia».

Oggi un paragone del genere non viene piú menzionato, la guerra del Vietnam si distingue da quella del Kosovo per la sua lunghezza e per il suo esito: quest'ultima è durata poco piú di due mesi, mentre la prima quindici anni. Se si vuole parlare di analogie, queste vanno piuttosto ritrovate nel fenomeno dell'escalation, nella internazionalizzazione del conflitto e nel tipo di guerra condotta, basata sul voler costringere l'avversario a un determinato comportamento, non a conquistarlo o distruggerlo, benché la distruzione possa essere un mezzo.

Entriamo nella dimensione delle azioni *coercitive* che inizialmente si era descritta come la categoria del *far fare*. Come si è detto, qui si ha a che fare con un tipo di dinamica escalativa particolare, che si potrebbe chiamare «escalation coercitiva».

Le strategie della minaccia

Nella coercizione in genere si è di fronte ad una relazione conflittuale asimmetrica, dove un attore dotato di forza superiore cerca di persuadere l'altro a fare qualcosa (coercizione «compellente») oppure ad astenersi dal fare qualcosa (coercizione «deterrente»). Lo spingere l'altro a fare qualcosa è il risultato di una delicata e rischiosa «orchestrazione» di segnali, parole e azioni, organizzati su una preventiva valutazione delle motivazioni dell'avversario, dei suoi scopi e del prezzo che egli è disposto a pagare per raggiungerli (Nevola 1994). Questi fattori sono determinanti per capire se esiste un «punto di pressione» agendo sul quale la coercizione può avere successo. A differenza quindi della negoziazione (che assume un rapporto piú paritario), la coercizione non cerca il consenso dell'altro in favore di un determinato comportamento, piuttosto mira a far vedere all'altro che la scelta di tale comportamento è inevitabile se egli non vuole subire conseguenze negative. L'azione coercitiva è dunque legata all'uso delle *minacce*.

Sotto la denominazione generale «minacce» è compresa una complessa area delle tecniche diplomatiche usate nella comunicazione tra attori a livello internazionale. Dietro l'apparente «anarchia» delle relazioni tra Stati esistono in realtà convenzioni implicite sull'uso di certe affermazioni, fondate sull'attenzione ad evitare incidenti diplomatici, a «dire non dicendo» e a saper mandare i segnali opportuni in ogni situazione. La decisione di operare un'azione coercitiva è un momento delicato dei rapporti di forza tra attori e comporta sempre il rischio di essere implicati in un'escalation da cui non ci si può piú tirare fuori. Si potrebbe riassumere la pressione diplomatica in una scala graduale che va dall'espressione di preoccupazione, ad un giudizio (o una condanna), l'avvertimento, fino ad arrivare infine alla minaccia e all'ultimatum. Importante è dunque l'uso calibrato della comunicazione.

Nel momento in cui un attore decide di minacciare deve tenere conto dei seguenti fattori: il grado di «danno» che egli deve evocare per piegare l'avversario, l'effettiva capacità di eseguire la minaccia, la propria disponibilità ad assumersi il rischio dell'escalation e infine la propria sopportazione dei danni possibili.

Ogni parte conosce il proprio grado di questi fattori, ma spesso è incerta su quello dell'avversario, senza contare il fatto che la propria disponibilità offensiva e la propria assunzione del rischio (e l'eventuale sopportazione dei danni) variano nel corso del tempo. L'incertezza fa sí che un ruolo preponderante sia giocato dalla *credibilità* dell'attore e dalle reciproche valutazioni. Ogni parte tenderà quindi ad aumentare la credibilità riguardo alla propria determinazione ad imporsi per mezzo di una accorta *manipolazione* dei propri messaggi e segnali. Si possono delineare le seguenti strategie (cfr. Snyder, Diesing 1977):

1) esibire la propria forza:

1*a*) mostrando le proprie capacità di offesa e la propria disponibilità di risorse, alleati ecc;

1*b*) mostrando ed enunciando una valutazione ridotta dei *propri* costi possibili: «Non ci fai paura», «I tuoi alleati non ti aiuteranno», «Tanto sei isolato».

2) Esibire che la propria posta in gioco è alta aumentando l'apparente valutazione del costo arrecato dal ripiegamento: mettere in gioco l'onore, la reputazione, legare il conflitto a questioni di principio o ad interessi più vasti («piuttosto la morte che la sconfitta»).

Il mettere sul piatto una quantità sempre maggiore di energie e risorse, cosí come l'esporsi in maniera progressiva attraverso dichiarazioni che rivelano l'impegno di un attore in una causa, comporta spesso il rischio del cosiddetto *overcommitment* («superimpegno»): l'investimento (in immagine o in risorse) è arrivato ad un punto tale che ritirarsi sarebbe una catastrofe e dunque il raggiungimento dell'obiettivo diventa una necessità che va perseguita con ulteriori sforzi. Nel caso del Vietnam vi era l'impressione di essere sempre più vicini alla vittoria finale: valeva la pena continuare, e questo ancor più con il passare del tempo, dal momento che ormai si erano investite cosí tante forze e cosí numerose vite di soldati. Ritirarsi avrebbe significato vanificare questi sforzi, dunque occorreva farne altri.

3) Aumentare la propria determinazione senza aumentare la posta in gioco: assumere impegni irrevocabili, mostrare di non avere il controllo dei propri subordinati, affidare la decisione ad un subordinato o ad un altro attore la cui fermezza è meno intaccabile (questo è il senso dell'«Activation Order» della Nato nell'ottobre 1998 contro la Jugoslavia: a quel punto il potere di decidere un attacco passa nelle mani non politiche, ma militari, del segretario dell'Alleanza J. Solana).

4) Cercare di diminuire la posta in gioco dell'altro:

4*a*) diminuire il «valore» delle proprie richieste, mostrare che l'interesse dell'avversario non è rilevante (es. Hitler a Chamberlain, facendogli notare che la Cecoslovacchia non interessa agli inglesi: i serbi chiesero retoricamente alla Nato che cosa essa volesse in Kosovo), concedergli assieme al «bastone» della minaccia la «carota» delle concessioni, invocare come il «cedere» aumenterebbe il prestigio dell'avversario o il benessere generale, sottolineare l'inferiorità «morale» delle richieste dell'avversario;

4*b*) mostrare di credere nel buon senso dell'altro o nel fatto che la posta in gioco dell'altro non è alta come la propria. Mostrare di avere dalla propria parte la «comunità mondiale».

5) Diminuire la soglia di rischio e dei danni accettabili dell'avversario: accentuare i rischi dell'escalation, esagerare i pericoli di un intervento, sottolineare eventuali imprevisti negativi (allargamento del conflitto a terzi ecc.).

Tutti questi sono esempi di *tattica persuasiva* il cui scopo generale è determinare negli avversari la percezione di un'asimmetria per quanto riguarda la forza, la determinazione, la posta in gioco. Se si sbaglia ad orchestrare questi fattori può accadere che il minacciato si accorga, o abbia il semplice sospetto, che il minacciante non ha la capacità di eseguire la minaccia, oppure non ne ha la volontà (perché sconveniente anche per lui). Possono accadere due cose differenti: 1) l'azione della minaccia viene eseguita male o male interpretata, per cui il minacciato crede ad un *bluff* mentre invece non lo è; 2) l'azione della minaccia è di fatto un *bluff* che si tenta di coprire (per mezzo delle strategie comunicative che abbiamo visto ed anche per mezzo di *gesti* dimostrativi, come movimenti di truppe, alleanze, mobilitazioni) ma che viene riconosciuto dal minacciato. In entrambi i casi la conseguenza è che il minacciato non si sentirà costretto a piegarsi, ma anzi sarà tentato a «vedere» il *bluff* (nella terminologia del poker) e scoprire se il minacciante è veramente pronto a passare all'azione.

Il problema della credibilità sorge quando l'assunzione del rischio mostrata e la posta in gioco affermate trovano difficilmente conferma nella realtà dei fatti. La crisi di Cuba del 1961, ad esempio, si risolse a favore degli Usa perché la credibilità della sua risolutezza era massima, dati gli interessi in gioco (lo stazionamento dei missili su Cuba avrebbe aumentato la vulnerabilità degli Stati Uniti del 50%). Nel Vietnam occorse evocare i pericoli dell'«effetto domino», il dovere morale di proteggere i valori democratici in Asia ed altri princípi generali per coprire una mancanza di motivazione vitale, di «posta in gioco».

Un eccesso di retorica può talvolta essere un segnale per l'altra parte di una mancanza di determinazione. Questo fatto può dare avvio ad una escalation in quanto il richiamo a princípi generali e a doveri morali ha il doppio effetto di fornire involontariamente un segnale di insicurezza (mancanza di interesse vitale) e allo stesso tempo vincolare l'attore alle proprie affermazioni, legando la disputa non solo al rapporto di forza momentaneo ma alla sua credibilità generale (non fare la figura del cane che abbaia, ma non morde).

Il confine sottile tra avvertimento e minaccia

Una minaccia fallisce quando il minacciante è costretto a doverla eseguire. In questo caso il rischio consiste nel fatto che un elemento di interesse comune – il non uso della forza e il dispendio ad esso connesso – viene meno e il conflitto assume la forma di un «gioco a somma zero» (la vittoria di uno significa la sconfitta dell'altro e viceversa). Ritornare da una situazione di confronto totale ad una di «negoziato» è molto piú difficile perché si è passati ad una fase di escalation superiore. Inoltre un atto eccessivamente provocativo o arrogante (che non tenga quindi conto di elementi «accomodatori» e si ponga in atteggiamento immediatamente di confronto diretto) può suscitare una contromossa vincolante dell'avversario (una controminaccia ad esempio) innescando un'escalation delle minacce reciproche o l'irrigidimento dei margini di trattativa. Il limite superiore dell'uso delle minacce è l'*ul-timatum*. Esso non pone una restrizione solo sulle condi-zioni, ma anche sul momento in cui esse devono essere realizzate.

Dati questi rischi l'uso di un elemento coercitivo come le minacce e le altre forme di impegno ad agire se l'altro non fa X è sempre controbilanciato dalla necessità di mantenere *aperte le opzioni*. Questo in generale significa evitare il piú possibile di assumersi un impegno vincolan-te, se questo non è strettamente necessario. Tra il non prendere una decisione vincolante (come una minaccia) e il prenderla c'è un'alternativa intermedia: il mostrare di *star valutando la possibilità* di fare una mossa vincolante. Ovvero non si tratta ancora di minacciare, ma di mostra-re che la minaccia è tra le opzioni possibili e variare il gra-do di questa possibilità. Una mossa del genere fu adotta-ta nella prima metà del '98 relativamente alle voci di un possibile intervento Nato nei Balcani. Si parlò a quel pro-posito di una fase di «studio delle opzioni»: un messaggio implicito rivolto a Milošević, dove si portava alla luce la *possibilità* della minaccia, anche se non si era ancora al punto di minacciare veramente[6].

Questa non è ancora una mossa totalmente vincolante, ma non è nemmeno del tutto priva di un elemento di im-pegno. Soprattutto è una mossa estremamente delicata sul piano della sua comunicazione. Infatti l'interpretazione dell'affermazione che «vi è la possibilità di rendere attiva una minaccia *x*», cioè che vi è la possibilità di minacciare *x* (sostenendo per esempio che si stanno valutando diffe-

---

[6]   Da una conferenza stampa Nato dell'11 giugno '98:
Alain Richard: «Come la Francia chiedeva da piú settimane, l'Allean-za ha messo ora in opera uno studio completo delle differenti opzioni di pressione militare che dovranno essere esercitate per dissuadere dal proseguimento di tali azioni. [...]
Domanda: «Ci si può aspettare una escalation graduale dei mezzi e della pressione militare?».
Alain Richard: «Non si tratta di "aspettarsi". Bisogna "essere pronti" e la scelta politica che facciamo è d'indicare che noi abbiamo studiato una serie di misure; e dal momento che lo facciamo pubblicamente, ciascuno comprenderà molto bene ciò che questo implica».
(http://www.nato.int/docu/speech/1998/s980611c.htm).

renti opzioni tra cui la minaccia) può facilmente scivolare o essere spostata verso l'interpretazione che «vi è la possibilità di eseguire la minaccia x», cioè che x è stato già minacciato e che eventualmente può essere reso effettivo.

Questo scivolamento di significato appare minimo ma è decisivo, perché comporta il passaggio dall'agitare la semplice possibilità di prendere un impegno al fatto che l'impegno è stato preso. Per lo più è attraverso la ricezione dei media che si opera questo passaggio, non solo per la tendenza ad accentuare la «sensazionalità» di un'affermazione per un naturale meccanismo semplificatorio. Infatti una minaccia ha una struttura del tipo «se tu fai x, io faccio y», ovvero essa è sempre l'espressione di una possibilità, cioè della possibilità da parte del minacciante di fare «y», per esempio fare uso della forza militare. Affermare la possibilità di minacciare è come dire che è *possibile che sia possibile* «y». Ma qualcosa di così astruso come la possibilità di una possibilità viene facilmente interpretato e ulteriormente diffuso come una semplice possibilità: l'affermazione «è possibile la possibilità dell'uso della forza» (è possibile minacciare «y») diventa quindi «è possibile l'uso della forza» (si minaccia «y»). Il linguaggio bellicoso tende a tralasciare le finezze del possibilismo: in una situazione di crisi la tendenza è di vedere piuttosto la *realtà «all'indicativo»*, eliminando le modalità ipotetiche a favore di quelle reali.

Ecco allora come l'equilibrio precario tra il lasciare le «opzioni aperte» e il prendere un impegno può rompersi appena si accenna anche alla semplice e remota possibilità di impegnarsi in un atteggiamento coercitivo. Anche l'uso dell'ambiguità a scopo allusivo o di «avvertimento» suscita immediatamente lo stesso tipo di reazione «semplificante»: ad un politico che afferma «Stiamo valutando le opzioni» quasi sempre seguirà la domanda sollecita di un giornalista che chiederà «Minacciate l'uso della forza militare?».

Questa distinzione sta al centro della differenza fondamentale tra minaccia e *avvertimento*. La minaccia è la presa di un impegno ad agire se quanto richiesto non è soddisfatto, un avvertimento invece allude alla possibilità di minacciare. Negli avvenimenti attorno al Kosovo si ha questa scansione nell'autunno 1998 (cap. 7), dove l'avvertimento viene formalizzato in una dichiarazione (Actwarn del 24 settembre) a cui fa seguito, data la mancanza dell'effetto desiderato, una vera e propria minaccia di intervento militare, l'Activation Order (Actord) del 13 ottobre.

Un carattere peculiare dell'avvertimento, oltre a non essere un gesto vincolante, è che esso è meno personale della minaccia, che invece appare come il diretto frutto dell'iniziativa di un attore. Per esempio un sistema di norme, come la legislazione penale, non è propriamente un sistema di minacce, anche se ha la forma di una serie di «Se fai *x*, allora subisci *y*». Si potrebbe dire piuttosto che è un sistema di avvertimenti, perché preesistente a qualsiasi situazione particolare a cui si rivolge.

Vi è una relazione tra l'avvertimento (a differenza della minaccia) e il concetto di «terza parte». Un'organizzazione come la polizia, propriamente parlando, non minaccia, ma piuttosto avverte che determinate azioni verranno sanzionate sulla base delle leggi: la polizia non è il soggetto protagonista della coercizione, ma un mezzo con cui essa viene esercitata. Non è il vigile che «dice» che non si deve passare con il rosso, è la legge che lo dice: egli è solo la terza parte che media tra il cittadino e lo Stato (il vero attore «coercitivo») che impone la legge.

La differenza tra avvertimento e minaccia diventa centrale qualora si parla di una tendenza alla creazione di norme a livello internazionale e non solo di rapporti di forza tra Stati. In questo caso uno Stato o un gruppo di Stati non dovrà minacciare una controparte, ma lanciare un avvertimento in relazione a regole e princípi *super partes*[7]. Il grande problema e il pericolo che però si cela dietro a questo passaggio sarà proprio nella percezione da parte di ogni attore del carattere vincolante di tali norme e del fatto che non si è di fronte ad un terzo attore im-

---

[7] Su questo problema si veda il cap. 14.

parziale ma ad un avversario diretto. La presenza di uno squilibrio per cui una parte vede un semplice avvertimento e l'altra invece ancora una vera e propria minaccia è una situazione ad alto rischio escalativo.

Il passaggio da avvertimento a minaccia è anche il possibile risultato di un processo di polarizzazione, dove un attore che svolge la funzione di «terza parte» gradualmente finisce per diventare parte in causa diretta. Nel caso della Nato ci fu un graduale passaggio di questo tipo: prima come «braccio militare» in funzione di avvertimento da parte delle nazioni occidentali (prima parte del 1998), poi sempre piú come attore indipendente in grado di agire al di fuori di un mandato Onu (ottobre 1998), poi di dettare parte delle condizioni durante i negoziati di Rambouillet (il fatto che la forza di sicurezza dovesse essere esclusivamente di composizione Nato, inizio 1999) ed infine come diretta parte in causa del conflitto bellico.

L'attuazione della minaccia: esecuzione o punizione?

È interessante distinguere l'esecuzione di una minaccia come una *punizione* e come una *esecuzione*. La prima si esaurisce nel momento in cui si arreca il danno: un esempio sono le rappresaglie. La seconda invece non vuole essere (solo) punitiva, ma ha lo scopo di eseguire in modo forzato ciò che si è preteso con la minaccia. L'azione esecutiva è estremamente vincolante perché s'impegna a realizzare di mano propria quello che ha preteso che l'altro attore facesse, e quindi non si esaurisce con la semplice attuazione del danno. Un'azione puramente esecutiva non è piú una minaccia e non ha piú valore «contrattuale». Un esempio quotidiano può essere l'esecuzione forzata della liberazione di un appartamento da un inquilino moroso (dopo un periodo in cui si era minacciata proprio questa eventualità). Oppure la polizia che interviene dopo aver minacciato un rapinatore a rilasciare un ostaggio. Il significato della minaccia non è solo «se non lo rilasci, ti puniremo», ma piuttosto «se non lo rilasci, lo faremo noi con la violenza».

Se l'azione minacciata consiste nel *fare* quello che attraverso la coercizione non si riesce a *far fare*, allora insorgono una serie di problemi proprio perché si passa ad un tipo di conflitto di tutt'altra natura, che non ha piú nulla a che fare con la coercitività. La guerra della Nato contro la Jugoslavia stava assumendo queste caratteristiche, presentando però una forte ambiguità: si trattava di un semplice atto punitivo o di un'azione di «esecuzione»? Sono due obiettivi del tutto differenti.

La fase di bombardamenti contro la Jugoslavia è la realizzazione di una minaccia punitiva («iniziamo a bombardare») che però non si esaurisce, in quanto permane l'elemento coercitivo («se non vi arrendete, continuiamo a bombardare»). È come torcere lentamente il braccio di una persona per costringerla a fare qualcosa: la stretta attuale è da un lato realizzazione di una minaccia precedente e dall'altro l'annuncio, minaccioso, che essa continuerà e verrà rafforzata. È la tecnica del «questo era solo un assaggio».

Nonostante ciò, non si è mai dichiarato esplicitamente il carattere punitivo della minaccia. Se fosse stato cosí, allora si sarebbe ammesso che l'intervento non aveva affatto lo scopo di proteggere le vittime albanesi della repressione in Kosovo e di *impedire* direttamente le violenze e i crimini. Si è sempre sostenuto uno scopo *esecutivo*, sollevando però il dubbio sull'efficacia dell'intervento. Un'azione esecutiva avrebbe comportato un immediato intervento di terra.

È un errore pensare che una punizione possa essere equiparata ad un'azione esecutiva. L'uno dice «finché non farete *x*, noi faremo *y*», mentre l'altro dice «o fate *x*, oppure lo facciamo noi contro la vostra volontà» (passaggio dal «far fare» al semplice «fare»). L'estrema diversità di queste due forme di azione spiega anche (oltre al timore per le proprie perdite) la difficoltà nel conflitto di passare dagli attacchi aerei alle truppe di terra. È una mossa escalativa che abbandona il terreno del confronto esclusivamente coercitivo.

7. La guerra nel Kosovo: gli eventi del 1998[8]

L'Esercito di liberazione del Kosovo (Uçk) ha fatto parlare di sé a partire dalla fine del 1995; fino al 1997 ha rivendicato, via fax, decine di attentati contro i serbi e contro albanesi fedeli al regime di Belgrado.

Probabilmente l'Uçk è nato da un nucleo di ufficiali albanesi dell'esercito jugoslavo, o con esperienza di guerra fatta negli anni precedenti, e da gruppi del movimento marxista-leninista dei primi anni ottanta riuniti nel Movimento popolare del Kosovo (Lpk). La prima ondata di armi proviene dalle caserme albanesi saccheggiate durante la rivolta del marzo 1997. Nei mesi successivi il gruppo effettua diversi attentati contro la polizia serba e prende di mira anche collaborazionisti albanesi.

La comparsa in pubblico dell'Uçk avviene il 28 novembre 1997, in occasione dei funerali di due albanesi uccisi dalla polizia serba. Al funerale partecipano 20.000 persone e tutta la leadership albanese. L'annuncio dell'inizio della lotta armata, fatto da uomini dell'Uçk incappucciati, viene accolto da un'ovazione (L'Abate 1998). All'inizio del 1998, le stime sul numero dei militanti dell'Uçk variano da un minimo di 350 ad un massimo di 1.500 (Kusovac 1998).

A gennaio diviene chiaro che le autorità serbe progettano una offensiva contro la nascente guerriglia albanese.

---

[8] In questo capitolo ci serviamo in particolare dell'accurata ricostruzione effettuata da Stefan Troebst (1998, 1999).

In Kosovo viene ammassata una grande quantità di truppe e si segnala anche la presenza delle «Tigri» del famigerato Željko Ražnjatović detto «Arkan» (Calic 1998).

Ancora nel gennaio e febbraio 1998, tuttavia, vi sono alcuni segnali di dialogo tra le parti: il 1° gennaio il patriarca ortodosso Pavle condanna in una lettera la repressione della polizia contro una manifestazione di studenti universitari a Priština avvenuta alcuni giorni prima. A metà febbraio si riunisce dopo molti mesi il «gruppo dei 3 + 3», formato da rappresentanti delle istituzioni educative serbe e kosovare, previsto dall'accordo Milošević-Rugova sull'istruzione del 1996.

L'inizio della guerra (marzo-giugno 1998)

Alla fine di febbraio, il rappresentante speciale degli Usa per l'implementazione degli accordi di Dayton, Gelbard, sottolinea durante un incontro con Milošević che la soluzione del conflitto in Kosovo non sarà un cambiamento unilaterale delle frontiere, e definisce «terroristiche» le attività dell'Uçk. Nel frattempo si tiene il terzo congresso dell'Ldk. Nonostante forti critiche interne, il partito conferma Rugova come leader e lo candida nuovamente alla carica di presidente della Repubblica. Gli albanesi del Kosovo sembrano continuare a sostenere Rugova e la sua linea di resistenza nonviolenta; l'opzione armata rappresentata dall'Uçk appare minoritaria.

Le dichiarazioni di Gelbard e la riconferma di Rugova vengono forse interpretate dalla leadership di Belgrado come il segnale che il momento è propizio per un attacco contro l'esercito di liberazione. In seguito all'uccisione di un poliziotto serbo, il 28 febbraio guerriglia albanese e forze di sicurezza serba si scontrano in una vera e propria battaglia nella zona di Drenica, nel Kosovo centrale. Drenica è strategicamente importante in quanto è attraversata dalla strada principale che connette il Montenegro con la Macedonia attraverso Priština. Dopo un primo scontro a fuoco in cui muoiono quattro poliziotti serbi e un imprecisato numero di guerriglieri albanesi, nei primi giorni di marzo le forze di sicurezza serbe attaccano diversi villaggi della zona, uccidendo intere famiglie. Il massacro di Drenica segna l'avvio della stagione di combattimenti del 1998, che si concluderà solo a ottobre con l'accordo tra Milošević e Holbrooke.

L'obiettivo del governo di Belgrado sembra essere quello di sferrare un colpo mortale alla guerriglia e dare così «una lezione» agli albanesi; la scelta si rivelerà controproducente, perché l'Uçk godrà nel corso dell'anno di un seguito sempre maggiore. I militanti dell'esercito di liberazione diventano diverse migliaia dopo il massacro di Drenica.

All'interno della Serbia, l'azione di polizia in Kosovo incontra il favore di gran parte delle forze politiche e dell'opinione pubblica (Calic 1998, p. 407). Anche questa tappa dell'escalation produce quindi un beneficio politico a brevissimo termine per Milošević.

Inizia la fase di internazionalizzazione del conflitto. Nel Gruppo di contatto la reazione al massacro di Drenica è incerta. Le posizioni sono divise tra gli Stati Uniti e la Gran Bretagna da un lato, che chiedono una reazione immediata e incisiva, e l'atteggiamento più conciliante di Russia, Francia e Italia. Alla fine i sei paesi chiedono al governo serbo di ritirare le unità di polizia speciale dal Kosovo e di impegnarsi pubblicamente per il dialogo; per quanto riguarda le sanzioni, il Gruppo di contatto dichiara di sostenere un embargo sulle armi, e una moratoria sui finanziamenti governativi alla Serbia (escludendo gli investimenti privati). Il 31 marzo il Consiglio di sicurezza Onu adotta un embargo sulle armi contro la Rfj (risoluzione 1160). Il 29 aprile, il Gruppo di contatto decide di introdurre il congelamento dei fondi jugoslavi all'estero. Le misure però non sembrano impressionare la leadership di Belgrado.

Rugova si trova in una posizione sempre più difficile, perché l'ascesa dell'Uçk mina il suo ruolo di leader nel movimento nazionale albanese. Richard Holbrooke, inviato speciale degli Usa, lo mette sotto pressione per iniziare una trattativa diretta con Milošević. Il leader kosovaro incontra il presidente della Rfj il 15 maggio, senza che si arrivi ad un risultato concreto. Mentre Rugova perde rapidamente prestigio, il governo di Belgrado raccoglie un successo a livello internazionale: il 23 maggio il Gruppo di contatto decide, con il voto degli Stati Uniti, di non adottare il blocco degli investimenti minacciato alcune settimane prima.

Il giorno successivo le forze di sicurezza serbe iniziano una offensiva nella regione di Dečani, roccaforte dell'Uçk, adottando la tattica della terra bruciata. Sono circa 100 le vittime albanesi, a cui vanno aggiunti diversi poliziotti serbi. Diverse decine di migliaia di persone si rifugiano nelle regioni vicine, in Montenegro e in Albania. Le forze serbe proseguono la loro offensiva colpendo Djakova. L'obiettivo delle forze serbe è di creare una fascia disabitata di 8-10 km lungo i confini con l'Albania, per impedire i rifornimenti ai guerriglieri provenienti dal nord dell'Albania.

Le forze regolari serbe non hanno esperienza di antiguerriglia. Tuttavia, la tattica che seguono non è dissimile da quella impiegata ad esempio contro i guerriglieri in America centrale nel corso degli anni ottanta e prima ancora dall'esercito statunitense in Vietnam. Poiché la guerriglia si muove tra la popolazione locale «come un pesce nell'acqua», si tratterà di togliere l'acqua al pesce: in concreto, le operazioni dei serbi si orientano da un lato allo scontro militare con l'Uçk, dall'altro alla distruzione di interi villaggi e alla messa in fuga dei civili nelle zone in cui è presente la guerriglia.

La reazione internazionale

L'offensiva serba di primavera dopo l'incontro tra Milošević e Rugova produce una reazione decisiva sul piano internazionale, che apre la strada alla strategia della minaccia adottata successivamente dalla Nato.

A partire dalla fine di maggio, i governi di Washington e di Londra decidono (in risposta a un atteggiamento non cooperativo da parte della Russia) di puntare su istituzioni solamente occidentali, quindi sull'«unilateralismo collettivo» rappresentato dalla Nato, ma anche dall'Unione europea. Il 9 giugno l'Ue decide di congelare nuovi investimenti in Serbia (una decisione che colpisce soprattutto Italia e Grecia); il 15 dello stesso mese la Nato effettua una esercitazione aerea in Albania e in Macedonia, a pochi chilometri dal confine con il Kosovo. Quest'ultima mossa viene aspramente criticata dalla Russia.

Negli stessi giorni, Milošević effettua una visita ufficiale a Mosca. Nella dichiarazione congiunta viene menzionato il principio della preservazione dell'integrità territoriale jugoslava, la condanna del terrorismo, ma anche la disponibilità serba a risolvere il conflitto sul piano politico, con colloqui bilaterali; l'assicurazione di «piena libertà di movimento in Kosovo per rappresentanti di organizzazioni internazionali e diplomatici stranieri, l'avvio di negoziati per stabilire in Kosovo una missione dell'Osce, il libero accesso alla zona da parte delle organizzazioni umanitarie» (cit. in Troebst 1999, pp. 175-176).

L'incontro tra Eltsin e Milošević a Mosca può essere considerato una risposta da parte della Russia alla progressiva emarginazione nella gestione del conflitto in Kosovo. Nel mese di giugno la diplomazia russa segnala il proprio interesse a cooperare con l'occidente allo scopo di evitare un conflitto armato di vaste proporzioni (Hofmann 1999). La disponibilità a cooperare dell'occidente diminuisce però rapidamente nel corso dell'estate.

La calda estate del Kosovo: offensiva della guerriglia e contrattacco dell'esercito serbo

Alla fine di giugno l'Uçk si sente abbastanza forte, militarmente e politicamente, da rifiutare la proposta di un cessate il fuoco nel Kosovo occidentale mediata da Richard Holbrooke, e dà inizio a una serie di nuove offensive. Dal punto di vista militare la guerriglia albanese compie una grave leggerezza: i diversi reparti iniziano attacchi in maniera non coordinata tra di loro (tra cui l'espulsione degli abitanti serbi da alcuni villaggi del Kosovo centrale) sopravvalutando la propria forza.

Di fronte all'offensiva dell'Uçk, la Nato diventa assai piú cauta. Riprende il lavorio della diplomazia internazionale, con un riavvicinamento tra Russia ed Usa: il 6 luglio viene iniziata la Missione diplomatica di osservatori nel Kosovo (Kdom), sotto la guida degli ambasciatori a Belgrado dei paesi del Gruppo di contatto, dell'Austria (presidente di turno dell'Ue) e della Polonia (per la presidenza dell'Osce).

Il 17 luglio l'Uçk conquista Orahovac. Dopo quattro giorni di violenti combattimenti, le truppe governative riprendono la città: è l'inizio della controffensiva serba, che in breve taglia in due le «zone liberate» nel Kosovo centrale, riprendendo il controllo delle strade Priština-Peč e Pristina-Prizren. Il 27 luglio i serbi attaccano Malisheva, sede del quartier generale dell'Uçk, costringendo i guerriglieri e la popolazione alla fuga.

Si tratta di un punto di svolta della guerra, sia in termini militari che politici, perché viene infranto il mito dell'Uçk come guerriglia «invincibile». Fino alla metà di agosto la controffensiva serba prosegue passo per passo, in modo da evitare reazioni forti a livello internazionale. Cadono una ad una le roccaforti dell'Uçk, in particolare la zona di Drenica e il villaggio di Junik. Il 17 agosto la missione Kdom riesce a negoziare un cessate il fuoco tra forze governative serbe e ribelli, per permettere di soccorrere le decine di migliaia di profughi rifugiatisi sui monti e nelle foreste del Kosovo.

Dal punto di vista serbo l'offensiva d'estate si rivela un successo, perché permette una vittoria militare sugli albanesi senza incorrere nella reazione internazionale. Nonostante la sconfitta militare, l'Uçk rinsalda la propria posizione nel panorama politico del Kosovo: ne è prova la nomina a rappresentante civile dell'Esercito di liberazione della figura carismatica di Adem Demaçi.

Intermezzo: la proposta
di un'iniziativa congiunta Nato-Russia

Ad agosto è ormai chiaro che il conflitto nel Kosovo è diventato una vera e propria guerra. I paesi del Gruppo di contatto cercano una soluzione al problema, e come abbiamo visto si delinea già l'idea che l'Occidente farà bene ad agire da solo. In realtà, nell'estate del 1998 sarebbe possibile adottare una strategia diversa. Il 7 agosto Alexander Vershbow, ambasciatore degli Stati Uniti presso la Nato a Bruxelles, invia un messaggio riservato alla Casa bianca con il titolo «Kosovo: è il momento per una diversa strategia di soluzione».

Secondo Vershbow, un'iniziativa congiunta per la soluzione del conflitto del Kosovo potrebbe diventare il modello di una cooperazione tra Nato e Russia. Il progetto proposto prevede che Washington e Mosca facciano anzitutto approvare dal Consiglio di sicurezza un mandato dell'Onu per la realizzazione di un protettorato internazionale nel Kosovo. Successivamente, nella provincia si sarebbe inviato un contingente composto in pari misura da soldati Nato e russi sotto un comando comune. Nel caso di un consenso preventivo da parte del governo di Belgrado sarebbero stati sufficienti 30.000 soldati; un contingente doppio invece sarebbe stato necessario se Milošević avesse rifiutato il consenso (sull'episodio v. Fubini 1999, p. 23; Zumach 1999[b]).

Alla proposta proveniente da Bruxelles la Casa bianca non dà alcun seguito. In questo momento non solo Washington, ma anche altri governi dell'Alleanza atlantica hanno già compiuto nel corso dell'estate la scelta decisiva: affidarsi alla politica della minaccia, agitando la possibilità di bombardamenti Nato sulla Jugoslavia, piuttosto che all'azione concertata con la Russia.

Naturalmente la scelta di una gestione multilaterale della crisi proposta da Vershbow ha un costo. In termini politici significa ridimensionare l'idea che l'occidente da solo possa fungere da fattore d'ordine nei conflitti etnopolitici alla periferia d'Europa. In termini logistici, si sa che le organizzazioni multilaterali come Onu e Osce sono piú lente nell'attivarsi e corrono il rischio di risultare inefficienti.

In ogni caso, per una gestione efficace del conflitto è indispensabile avere un concetto e una strategia di intervento chiari. Nell'intervento di organizzazioni multilaterali questa condizione risulta piú difficile da ottenere: nel caso concreto del Kosovo, si sarebbe trattato di negoziare con la Russia il futuro assetto politico complessivo dei Balcani.

La Nato invece si muove già da alcuni anni in direzione opposta, con l'espansione verso est iniziata nel 1998-99 con Repubblica ceca, Polonia e Ungheria e che potrebbe proseguire in un prossimo futuro a Slovenia, Romania e Bulgaria. Nei confronti della Serbia la Nato sembra voler adottare la strategia del «cordone sanitario»: gli Stati confinanti sono già membri della Nato (Ungheria) o fanno la fila per diventarlo (Romania, Bulgaria). La Croazia ha riconquistato la Krajina nel 1995 grazie al supporto militare statunitense, mentre in Macedonia e in Bosnia sono presenti truppe Onu e Nato in funzione di *peacekeeping*. In questo quadro, non sorprende che la proposta di Vershbow cada nel vuoto.

Il conflitto si internazionalizza

Nel periodo che va dalla caduta di Junik, alla metà di agosto, fino agli inizi di ottobre, le forze di sicurezza serbe effettuano una serie di azioni militari contro sacche di resistenza dell'Uçk. Inoltre, le autorità aumentano la repressione politico-giudiziaria in Kosovo: secondo fonti di Belgrado, fino al 4 ottobre oltre 1.200 persone vengono arrestate e processate per «atti di terrorismo».

La battaglia ha pesanti costi in termini umanitari: circa 200.000 albanesi sono costretti a prendere la fuga e a cercare riparo altrove nella provincia. Di questi, 50.000 si sono rifugiati nelle foreste e sulle montagne; la situazione si fa drammatica quando, a fine settembre, cade la prima neve. Alla preoccupazione per la sorte dei profughi si aggiunge la notizia dell'uccisione di 16 civili albanesi il 25 settembre nella regione di Drenica.

Il 23 settembre il Consiglio di sicurezza delle Nazioni Unite adotta la risoluzione 1199 sul Kosovo, con il voto favorevole della Russia e l'astensione della Cina. Nella risoluzione, alla Rfj viene richiesto di dichiarare un cessate il fuoco, di ritirare le forze armate dispiegate in Kosovo durante la guerra e far ritornare quelle stabilmente stanziate nella provincia nelle caserme; inoltre, il governo di Belgrado dovrà garantire il pieno accesso agli operatori umanitari per l'aiuto degli sfollati e di cooperare con il Tribunale dell'Aia per l'investigazione dei crimini di guerra in Kosovo. La risoluzione non contiene la minaccia di usare la forza nel caso in cui il governo jugoslavo non metta in pratica il contenuto della risoluzione.

Nonostante la mancanza di un mandato per un eventuale attacco aereo, la Nato decide di aumentare la pressione su Milošević: il 24 settembre, in occasione della riunione dei ministri della Difesa dell'Alleanza, viene deliberato l'*Activation Warning*, ovvero la messa in stato di allerta delle forze aeree per un'operazione di attacco o di campagna aerea a piú fasi contro la Rfj. Nei meccanismi decisionali dell'Alleanza, l'Activation Warning è il primo di tre gradini: in un secondo momento, i rappresentanti dei paesi membri devono all'unanimità decidere l'*Activation Order*, che dà il via libera per un eventuale attacco, rimettendo la decisione ultima sul momento dell'inizio effettivo delle operazioni nelle mani del segretario generale.

Secondo le parole del sottosegretario Usa alla Difesa Slocombe durante la conferenza stampa del 24 settembre: «al centro della discussione stamattina c'era l'importanza che Milošević capisca che la comunità internazionale sta perdendo la pazienza a causa delle sue attività in Kosovo [...] quello che l'azione dell'alleanza ha fatto stamattina è di mettere la Nato in condizione di reagire molto velocemente[...] Naturalmente, come ho detto, non è stata presa alcuna decisione. Questa non è la decisione di effettuare un ultimatum, né tantomeno di lanciare un attacco».

Dal punto di vista della Nato, la decisione di emettere l'Activation Warning non è ancora una vera e propria minaccia, ma un segnale (un «avvertimento») che l'Alleanza occidentale è *pronta* alla minaccia: proprio perché, deciso l'Activation Order, sarà il segretario generale a stabilire il momento concreto dell'attacco, è lo stesso Activation Order ad essere una minaccia.

La gradualità del processo decisionale dell'Alleanza si rivela una specie di piano inclinato nel periodo che va dal settembre del 1998 al marzo 1999. Il motivo principale per cui ogni singola decisione innesca una dinamica escalativa risiede fondamentalmente nei differenti messaggi che essa porta ad interlocutori diversi.

Nei confronti di Milošević, l'Activation Warning e piú tardi l'Activation Order sono forme di pressione attraverso la minaccia (o l'«avvertimento»), intese a costringere le autorità serbe a decidere un determinato corso di eventi.

Per i paesi alleati che reputano indispensabile un mandato del Consiglio di Sicurezza dell'Onu, il primo passo della catena decisionale che porterà alla guerra del 1999 è facile da accettare: in fondo si tratta «solo» di fare in modo che l'Alleanza risponda prontamente nel caso in cui ci sia bisogno di minacciare (non necessariamente di usare!) la forza. A livello logico, non è necessaria in questa prima fase decisionale l'esistenza di un mandato del Consiglio di Sicurezza: quindi anche i governi tendenzialmente contrari a un'azione senza mandato Onu possono aderire alla richiesta degli Stati Uniti e votare l'Activation Warning.

In questo momento, la decisione della Nato assume la veste di un rinforzo delle richieste formulate dall'Onu: l'Alleanza sembra apparentemente agire in linea con il Consiglio di Sicurezza, anche se in realtà pone le premesse per il suo successivo scavalcamento. La Nato infatti lancia un messaggio piú sottile alla generalità degli Stati: la piú potente alleanza militare del mondo si dichiara pronta ad agire nel conflitto in Kosovo, se necessario. Con l'Activation Warning la Nato si assume anche un impegno, e chiama a testimone implicitamente l'intera «comunità internazionale».

Verso l'accordo Milošević-Holbrooke

Agli inizi di ottobre, terminata l'offensiva, le forze di sicurezza e l'esercito serbi iniziano a ritirarsi. Tuttavia la situazione degli sfollati in Kosovo non sembra migliorare.

A questo punto la Nato minaccia di tramutare l'*Activation Warning* in un *Activation Order*, con un ultimatum oltrepassato il quale inizieranno gli attacchi aerei. Mentre l'Alleanza effettua questo passo intermedio – una minaccia verbale senza una decisione formale dal carattere piú impegnativo – la Russia e la Francia riattivano il Gruppo di contatto per riequilibrare il predominio assunto dalla Nato nella gestione del conflitto.

L'8 ottobre i ministri degli Esteri del Gruppo di contatto si incontrano con Holbrooke e con il ministro degli Esteri polacco Bronislaw Geremek. Nella riunione si decide che lo stesso Holbrooke condurrà una missione a Belgrado per ottenere la piena accettazione della risoluzione 1199, ed in particolare la fine delle ostilità da entrambe le parti e il ritiro delle forze di Belgrado alle posizioni di marzo; inoltre, si chiede al governo serbo di iniziare le trattative per una soluzione del conflitto sulla base di un progetto proposto dal diplomatico statunitense Christopher Hill. Infine, il Gruppo di contatto chiede la verifica del rispetto della risoluzione Onu con la presenza di osservatori sul terreno.

La minaccia posta dalla Nato e l'appoggio russo ad una missione di verifica sono gli elementi che portano Milošević a negoziare con Holbrooke l'implementazione della risoluzione 1199. Il 12 ottobre, all'apice della pressione Nato sulla Jugoslavia, Milošević accetta la presenza di 2.000 osservatori Osce in Kosovo e un pattugliamento di aerei Nato disarmati, oltre ad impegnarsi a concedere alla provincia un maggiore grado di autogoverno. Nella notte tra il 12 e il 13, Holbrooke riferisce alla Nato l'intenzione di Milošević di rispettare la risoluzione 1199. Per strappare l'assenso di Milošević, il diplomatico statunitense ha fatto una serie di concessioni: in particolare le parti vengono invitate ad avviare negoziati bilaterali, e non con una mediazione internazionale; inoltre, il Kosovo viene menzionato parte integrante della Serbia, e non della Rfj (il che avrebbe potuto significare concedergli lo status di terza repubblica nella Federazione)

La dichiarazione del presidente jugoslavo non basta all'Alleanza per interrompere il corso intrapreso della politica della minaccia. In realtà accade l'esatto contrario: alle 5 del mattino del 13 ottobre, poche ore dopo aver ricevuto da Holbrooke l'informazione dell'accordo con Milošević, il Consiglio nord-atlantico decide di tramutare l'*Activation Warning* deciso il 24 settembre nell'*Activation Order* per attacchi aerei limitati o per una campagna di guerra aerea a piú fasi, e fissa per Belgrado un ultimatum: entro 96 ore le autorità serbe dovranno iniziare l'implementazione della risoluzione 1199. Successivamente l'ultimatum verrà prolungato di 10 giorni.

Il 15 ottobre Wesley Clark, comandante supremo alleato in Europa, incontra il capo di stato maggiore dell'esercito jugoslavo Perišić per stabilire i dettagli della missione di verificazione aerea sul Kosovo. Il giorno dopo il presidente in carica dell'Osce Geremek firma con le autorità di Belgrado l'accordo che dà vita alla Missione di verificazione in Kosovo (Kvm); la missione viene recepita da una risoluzione del Consiglio di sicurezza Onu (1203). A capo della missione viene nominato il diplomatico statunitense William Walker.

Si tratta di un momento importante per lo sviluppo successivo degli eventi. La Nato effettua il passo decisivo – ovvero la delega al segretario generale in merito alla decisione dell'attacco aereo – *immediatamente dopo* che il presidente jugoslavo aveva accettato l'applicazione della risoluzione Onu e la presenza di osservatori Osce nel Kosovo. Inoltre l'Alleanza decide di non revocare l'ordine di attivazione, che rimarrà in vigore fino all'inizio della guerra, il 24 marzo 1999. A partire dal 13 ottobre l'Alleanza ha per cosí dire il dito sul grilletto: essa ha ribadito in questo modo chiaramente il suo impegno nei confronti della controparte serba e, indirettamente, del resto del mondo.

8. La Nato: «mutazione genetica» di un'alleanza

Non è facile stabilire un momento preciso in cui l'alleanza nata nel 1949 per scopi difensivi diventa cinquant'anni dopo uno strumento di politica coercitiva che agisce senza mandato dell'Onu. La «mutazione genetica» dell'Alleanza atlantica si compie gradualmente a partire dalle trasformazioni del 1989.

Inclusione ed esclusione

Prima di passare in rassegna le trasformazioni della Nato dopo la fine della guerra fredda, è utile introdurre qui alcune importanti distinzioni sulla natura delle organizzazioni che permettono di comprendere meglio la natura e il ruolo dell'Alleanza, le sue differenze rispetto all'Onu e all'Osce e le scelte politiche dell'occidente nel decennio che va dal 1989 al 1999.

Una organizzazione può essere considerata sotto due aspetti: in relazione al suo *ambiente esterno* ed in relazione ai singoli individui che la compongono. Il primo aspetto ci porta a suddividere le organizzazioni tra «inclusive» ed «esclusive».

Un'organizzazione esclusiva ha dei criteri rigidi per la definizione dei suoi membri e soprattutto definisce se stessa a partire dall'ambiente esterno. Un'organizzazione inclusiva, viceversa, accetta in linea di principio tutti gli attori e non definisce se stessa in relazione ad attori esterni. Proviamo a fare alcuni esempi concreti.

Organizzazione inclusiva è per esempio l'Onu, che ha oggi praticamente una natura universale, e per la quale quindi non ha senso parlare di «ambiente esterno». Anche un partito che si basa su princípi democratici e non discriminatori è in principio un'organizzazione inclusiva, ed anzi basa il suo successo sul grado di inclusività che riesce a raggiungere. I criteri di appartenenza di un'organizzazione inclusiva, anche se possono essere rigidi, non presuppongono che vi sia per definizione una categoria di «non appartenenti».

Un'organizzazione esclusiva non può invece per sua natura essere aperta a tutti. Un'alleanza, o un sindacato, oppure un gruppo razzista ottengono la propria definizione dalla distinzione con ciò che non può appartenervi. Un sindacato non può finire per includere i datori di lavoro, altrimenti perderebbe la sua controparte naturale e cesserebbe di avere senso. Un'organizzazione esclusiva ha *bisogno* di una controparte esterna. Le alleanze tra Stati sono tipiche organizzazioni esclusive: la Nato è nata come organizzazione di questo tipo (in opposizione al Patto di Varsavia), e continua ad esserlo.

Anche se negli anni novanta l'Alleanza atlantica ha sottolineato la propria natura di stabilizzatore nei rapporti (e nei conflitti) tra gli Stati membri, i *compiti* che essa si prefigge restano quelli di assicurare la protezione da potenziali minacce esterne. La trasformazione dell'Alleanza nell'ultimo decennio è la prova di come la natura esclusiva di un'organizzazione possa sopravvivere alla scomparsa della propria controparte originaria.

Nelle organizzazioni esclusive i rapporti con l'esterno possono facilmente spostarsi sull'opposizione amico-nemico e offrire la possibilità di formare «immagini del nemico».

Alle due modalità di rapporto con l'esterno corrispondo due tipi di relazione tra un'organizzazione e un individuo che vi appartiene. Un'organizzazione impone delle regole che limitano la libertà individuale di un membro in cambio di un vantaggio collettivo. Ognuno usufruisce di chiare «regole del gioco» e della protezione da prepotenza ed arbitrio. In cambio ci si sottopone al sistema. Questo è un sistema di *convivenza interna* che troviamo ad esempio nel pensiero di Hobbes, dove lo Stato-Leviatano garantisce agli individui una protezione efficace dall'anarchico Stato di natura. Trasportato nel discorso delle organizzazioni internazionali per la sicurezza, questo tipo di rapporto corrisponde all'idea di un *sistema di sicurezza collettiva*, cosí come venne previsto – ma mai messo in pratica – dalla Carta dell'Onu.

Oltre a questo carattere di vincolo in nome della reciproca convivenza, un'organizzazione può costituire un *potenziamento* dei suoi membri, secondo il principio dell'unione che fa la forza. In questo caso ogni membro anche se sottoposto ai vincoli organizzativi dispone di uno strumento che aumenta le sue potenzialità e dunque la sua libertà di azione. Questo punto di vista riguarda l'azione di un'organizzazione *all'esterno*, ed è dunque caratteristico delle forme esclusive.

La progressiva costituzione di organismi internazionali non significa dunque solo una limitazione del potere delle singole nazioni, come oggi si sente spesso ripetere. Un'organizzazione esclusiva può funzionare anche come una protesi, un'estensione, che rafforza la posizione di alcune nazioni leader rispetto ad altre.

La differenza tra sistemi inclusivi ed esclusivi diventa centrale per il problema della creazione futura di un eventuale «diritto internazionale» che ponga fine all'arbitrio del potere dei singoli Stati nazionali. Essa rimanda alla differenza tra un metodo di tipo coercitivo, mirante a raggiungere una sorta di *pax romana*, ed uno fondato sull'accordo collettivo. Se i sistemi esclusivi hanno in sé la contraddizione di voler creare un consenso pur partendo dalla sua assenza, quelli inclusivi in un certo senso hanno il problema opposto di voler risolvere un'assenza di consenso a partire da una base consensuale, rischiando di limitarsi alla posizione minima comune, o peggio giungendo a compromessi irrealizzabili nella pratica: il caso dell'Onu è a questo proposito esemplare.

Nascita ed evoluzione del Patto atlantico

L'alleanza che vide la luce il 4 aprile 1949 con la firma del Trattato di Washington poggiava su due caratteristiche fondamentali: una chiara connotazione difensiva e il riconoscimento delle Nazioni Unite come l'unica organizzazione internazionale legittimata a decidere l'impiego della violenza militare, fatto salvo il diritto alla legittima difesa, individuale e collettiva (diritto previsto dall'art. 51 della stessa Carta dell'Onu). In altre parole, mentre affermava il proprio carattere esclusivo di alleanza militare, la Nato dichiarava la propria subordinazione in linea di principio alle norme delle Nazioni Unite.

Il Trattato nell'art. 5 stabilisce lo scopo dell'Alleanza, cioè la difesa collettiva dei suoi membri, ma ribadisce con forza la competenza del Consiglio di Sicurezza delle Nazioni Unite per il mantenimento della pace e della sicurezza internazionale. Nell'art. 1 si dichiara solennemente: «Le parti si impegnano, come è stabilito nello Statuto dell'Onu, a comporre con mezzi pacifici qualsiasi controversia internazionale nella quale potrebbero essere implicate, in modo che la pace e la sicurezza internazionali e la giustizia non vengano messe in pericolo, e ad astenersi nei loro rapporti internazionali dal ricorrere alla minaccia o all'impiego della forza in modo incompatibile con gli scopi dell'Onu». L'art. 7 proibisce inoltre un'interpretazione del Trattato la quale pregiudichi i diritti e i doveri che derivano alle parti contraenti dallo status di membri delle Nazioni Unite.

L'Alleanza atlantica è figlia della guerra fredda, e quando tra il 1989 e il 1991 i regimi socialisti dell'Europa centro-orientale, il patto di Varsavia ed infine la stessa Unione Sovietica si dissolvono, viene meno la stessa ragion d'essere dell'Alleanza, ovvero la minaccia militare convenzionale e nucleare da est. Per la Nato al principio del decennio si apre quindi un processo di ridefinizione del proprio ruolo dagli esiti inizialmente assai incerti. Gli stessi vertici dell'Alleanza vivono un momento di insicurezza.

Da un lato gli Stati Uniti devono anch'essi ridefinire la propria politica estera dopo la scomparsa del loro avversario globale; si pone il problema di legittimare l'enorme apparato militare. Inoltre, all'inizio degli anni novanta il processo di integrazione europea subisce un'accelerazione: il trattato di Maastricht apre la prospettiva di una moneta unica europea, e di una politica estera e di sicurezza comune della Comunità (poi Unione) europea. Maastricht prevede di integrare nell'architettura politica dell'Ue anche l'Unione europea occidentale (Ueo), organismo di coordinamento militare che per decenni aveva vissuto in una sorta di limbo. Questa prospettiva non verrà seguita dopo il fallimento sostanziale della «politica estera comune» nei confronti della ex Jugoslavia.

Nel novembre del 1991, pochi mesi dopo la guerra del Golfo, alla conferenza dei paesi Nato a Roma i nuovi compiti dell'Alleanza vengono definiti in maniera assai ampia. Nella *Dichiarazione di Roma sulla pace e la cooperazione* si legge: «La sicurezza dell'Alleanza deve anche tenere conto del contesto globale. Gli interessi di sicurezza dell'Alleanza possono essere influenzati da altri rischi di natura piú ampia del solo attacco armato contro il territorio dei membri, inclusa la proliferazione di armi di distruzione di massa, l'interruzione del flusso di risorse vitali ed atti di terrorismo e di sabotaggio». Altri rischi alla sicurezza dei paesi membri dell'Alleanza possono provenire dalle «serie difficoltà di natura economica, politica e sociale, incluse rivalità etniche e dispute territoriali», in paesi dell'Europa centrale ed orientale.

Dalla minaccia al rischio

Si può sintetizzare l'evoluzione della Nato in questi termini: dopo un periodo in cui l'Alleanza ha un serio problema di definizione dei propri obiettivi, la sopravvivenza e il ruolo dell'organizzazione vengono ritrovati per mezzo di una ridefinizione del suo ambito di pertinenza. Non si tratta piú di fronteggiare una *minaccia militare concreta* (il comunismo, l'Urss e il patto di Varsavia) bensí di prepararsi a minacce *potenziali*, non precisamente etichettabili. Il concetto di sicurezza assume una dimensione sociale e politica: anche qui la minaccia è assai poco definibile, riguardando la possibilità di destabilizzazione permanente di regioni sempre piú vaste, la diffusione del fenomeno dei *failed States* (gli Stati «falliti») e il rafforzamento di strutture di potere mafiose capaci di controllare interi Stati (i *rogue States*, gli Stati «mascalzoni» e dittatoriali). Un'altra minaccia spesso menzionata è il pericolo di perdere l'accesso alle risorse «vitali» per le economie dell'occidente.

I documenti strategici a partire dalla metà degli anni novanta parlano della necessità di prevenire e gestire il costante *rischio* di instabilità. In questo senso l'Alleanza diventa una struttura «conservatrice», con l'obiettivo di garantire l'ordine in un universo in preda al caos. Non si tratta piú di due sistemi che si contrappongono, ma di un «sistema contro l'assenza di sistema», allargando indefinitamente il margine di ciò che può essere considerato una minaccia alla sicurezza.

Questa mutazione di atteggiamento è un esempio di quello che si era già chiamato (cap. 6) percezione della realtà «all'indicativo»: la possibilità della minaccia (il rischio) diventa una minaccia effettiva, ogni proiezione ipotetica diventa una realtà che alla fine si autoavvera.

I nuovi compiti dell'Alleanza

Nel corso degli anni novanta la difesa collettiva prevista dall'art. 5 del trattato di Washington diventa solo uno dei compiti delle attività dell'Alleanza. Il secondo ambito di attività sono le operazioni definite dalla Nato «in supporto della pace»: rispetto al concetto tradizionale di *peacekeeping*, sviluppato nel corso dei decenni con le operazioni dei «caschi blu» delle Nazioni Unite, il concetto di *peace support operations* è assai piú vago: mentre gli esperti militari francesi e britannici distinguono nettamente tra *peacekeeping* e *peace enforcement*, «la Nato e gli Stati Uniti [...] vedono un ampio continuum di operazioni piú o meno violente. In questo continuum si assume l'esistenza di uno spazio intermedio in cui aiuto umanitario e guerra convenzionale si sovrappongono e si mescolano» (Bašić, Bits, 1994, p. 17). In questi anni, con il protrarsi della guerra in Bosnia la Nato assume un nuovo ruolo: garantire all'operazione di mantenimento della pace delle Nazioni Unite Unprofor dispiegata sul terreno in Bosnia un «braccio armato», capace di minacciare ritorsioni militari.

Con gli interventi in Bosnia a partire dall'aprile 1993 (con la decisione di stabilire una *no-fly zone* sui cieli della Bosnia) fino agli attacchi dell'estate 1995, l'Alleanza effettua i primi interventi militari nella sua storia. Queste azioni si basavano tutte su un esplicito mandato delle Nazioni Unite e sull'autorizzazione da parte dei vertici della missione Unprofor.

In quegli anni il Consiglio di sicurezza – con l'approvazione di Stati Uniti, Gran Bretagna e Francia – decideva l'estensione del mandato dei caschi blu dell'Unprofor in Bosnia a coprire compiti per i quali la missione non avrebbe mai avuto le truppe necessarie a disposizione, in particolare la nefasta decisione di dichiarare «zone protette» le enclave bosniaco-musulmane assediate dai serbi bosniaci. Nello stesso momento, i funzionari della Nato criticavano le Nazioni Unite per l'impostazione restrittiva adottata in merito all'uso della violenza militare (Bašić, Bits, 1994, p. 1).

A partire dal 1995, la Nato assume un ruolo di primo piano nell'operazione di *peacekeeping* Ifor (poi Sfor) prevista dagli accordi di Dayton. La missione Ifor vede la partecipazione della Nato e di Stati membri del programma *Partnership for peace*, tra cui la Russia e l'Ucraina. È interessante notare che, nonostante le critiche precedenti, le «regole di ingaggio» delle truppe Ifor/Sfor, ed in particolare l'uso della forza militare, non si distinguono da quelle di una operazione dei «caschi blu» (Biermann, Vadset 1998, p. 41).

L'allargamento della Nato

Gli anni novanta sono stati caratterizzati anche dai dibattiti sull'allargamento a est dell'Alleanza. In questo ambito si è manifestato il permanere del carattere esclusivo della Nato. Infatti, nei primi anni successivi alle trasformazioni del 1989-91 si manifestò la possibilità che la Russia avrebbe potuto chiedere di diventare membro: era chiaro che in questo caso la Nato si sarebbe trasformata in un sistema di sicurezza collettiva.

La reazione dei vertici della Nato fu senza equivoci, l'ex segretario generale della Nato Manfred Wörner sostenne che ci sono due modi per rovinare il Patto atlantico: negargli nuovi compiti oppure trasformarlo in un sistema di sicurezza collettiva, intendendo con questo una trasformazione che avrebbe privato la Nato della prerogativa della difesa degli interessi dei suoi membri, in nome di un servizio sopra le parti.

Quest'opzione fu quindi rifiutata e sostituita con una formula di compromesso rappresentata dal programma di «*Partnership* per la pace», che comprende un gran numero di ex membri del patto di Varsavia e altri Paesi europei, e da una «relazione speciale» con la Russia. Dalla seconda metà degli anni novanta, quindi, la Nato ha costruito un ampio cerchio esterno, inclusivo, intorno al «nocciolo duro» esclusivo dei Paesi alleati.

L'espansione dei compiti dell'Alleanza

Durante la conferenza di Berlino, nel giugno 1996, l'Alleanza atlantica formulò in maniera assai piú indeterminata i nuovi compiti che avrebbe affrontato in futuro: «operazioni non coperte dall'articolo 5» del Trattato. In altre parole, la Nato si offre per condurre missioni di mantenimento ed imposizione della pace su mandato dell'Onu, ad alcune condizioni ben precise: comando e controllo delle missioni devono rimanere all'interno delle strutture dell'Alleanza, la quale si riserva il diritto di decidere in merito ad un'eventuale escalation degli interventi, o alla loro interruzione. Il documento strategico del 1996 non descrive in dettaglio le minacce a cui l'Alleanza intende rispondere, limitandosi a citare la necessità di una strategia di «controproliferazione», per combattere la diffusione incontrollata di armi di distruzione di massa.

Vale la pena notare che, prevedendo «azioni non previste dall'articolo 5», l'Alleanza atlantica ridefinisce in maniera aperta i propri compiti: si tratta di una riforma radicale e non dichiarata del trattato di Washington del 1949. Poiché però formalmente il Trattato non viene emendato, questa modifica decisiva non passa attraverso una ratifica dei parlamenti degli Stati membri.

La Nato del XXI secolo: il *Concept paper* del 1999

La centralità degli interventi non riconducibili all'articolo 5 del Trattato viene confermata nel *Concept paper* approvato dai paesi dell'Alleanza in occasione del vertice di Washington, tenutosi in piena guerra, nell'aprile del 1999.

Il dato nuovo nel documento del '99 riguarda la legittimità degli interventi: l'Alleanza allenta il vincolo dell'obbligo di un mandato da parte del Consiglio di Sicurezza per le operazioni al di fuori della difesa collettiva. Si tratta di un compromesso tra la ricerca di una legittimazione del Consiglio di Sicurezza quando è possibile, ma senza un vincolo esplicito dell'Alleanza in questo senso (cfr. Menotti 1999, pp. 131 sgg.).

La sicurezza internazionale veniva posta dalla Carta delle Nazioni Unite nel contesto di un'organizzazione inclusiva. Dopo la «mutazione genetica» degli anni novanta, l'Alleanza atlantica impone la sua centralità nell'architettura istituzionale dell'area euroatlantica, per sostituire, se lo ritiene necessario, al multilateralismo dell'Onu una sorta di «unilateralismo collettivo». Anche in questo caso, il nuovo «concetto strategico» viene sottratto al dibattito democratico e alla ratifica parlamentare.

Da questo punto di vista la guerra dell'Alleanza atlantica contro la Repubblica federale di Jugoslavia è un precedente importante. La Nato si è «autolegittimata», stabilendo in maniera indipendente dal Consiglio di sicurezza delle Nazioni Unite il proprio diritto a minacciare ed intervenire militarmente. Questo è il significato profondo del coinvolgimento della Nato e della guerra per il Kosovo del 1999.

9. Kosovo Verification Mission (ottobre 1998 - marzo 1999)

Mandato e struttura della missione Osce

Il 25 ottobre il Consiglio permanente della organizzazione per la sicurezza e la Cooperazione in Europa dà vita alla Missione di verificazione in Kosovo (*Kosovo Verification Mission*, Kvm), sulla base della risoluzione 1199 del Consiglio di sicurezza. I compiti della missione comprendono anzitutto un aspetto militare e di polizia: la sorveglianza sul rispetto della tregua e il ritiro dei rinforzi serbi dal Kosovo, e il monitoraggio delle attività della polizia, con l'accompagnamento delle forze dell'ordine nei pattugliamenti.

La missione inoltre ha dei compiti di natura civile: tenere aperti canali di consultazione con le parti e facilitare il ritorno dei rifugiati interni alle loro case. In prospettiva, dopo un accordo politico definitivo sulla provincia, il lavoro della missione si sarebbe esteso anche alla supervisione elettorale e all'aiuto nella riorganizzazione delle istituzioni.

Viene nominato capomissione il diplomatico statunitense William Walker, già ambasciatore Usa in El Salvador e capo della missione delle Nazioni Unite Untaes in Slavonia orientale (Croazia). La Kvm assorbirà anche la Kdom, la missione diplomatica di osservazione inviata nella regione su iniziativa congiunta degli Usa e della Russia. La missione è formata, secondo l'accordo Milošević-Holbrooke, da 2.000 osservatori disarmati.

L'accordo tra Osce e governo jugoslavo alla base della missione in Kosovo presenta dei limiti evidenti: ad esempio esso non prevede chiare competenze in materia di monitoraggio e tutela dei diritti umani. A ciò si aggiunge la pratica degli Stati membri di reclutare nella quasi totalità dei casi personale con esperienza militare e di polizia, ma senza un background specifico nel campo dei diritti umani della mediazione e della risoluzione dei conflitti (Amnesty International 1998).

Inoltre c'è il problema dell'asimmetria delle parti in conflitto: la risoluzione 1199 impone degli obblighi precisi soltanto alla Rfj, ed è stato solo Milošević a firmare un accordo con Holbrooke. L'Uçk non viene menzionato esplicitamente né nella risoluzione dell'Onu, né nella delibera dell'Osce, anche se la risoluzione condanna il terrorismo ed in entrambi i documenti si sottolinea che l'obbligo di rispettare il cessate il fuoco riguarda tutte le parti in conflitto. Il rapporto tra missione di verifica ed esercito di liberazione quindi rimane poco chiaro.

Infine, la missione non si colloca in un quadro certo di processo negoziale. L'attività diplomatica di vertice continua, con Christopher Hill che fa la spola tra albanesi e governo serbo, ma non è in stretto rapporto con la missione sul terreno.

In ogni caso, dal Kosovo i primi segnali dopo l'accordo tra Milošević e Holbrooke sono incoraggianti. Gli osservatori diplomatici della Kdom segnalano il ritiro del 90% dei rinforzi delle truppe del Ministero degli Interni: il primo segno concreto di una possibile de-escalation del conflitto. Anche gli albanesi del Kosovo vivono momenti di entusiasmo nei primi giorni della missione: la richiesta di una presenza internazionale è stata una costante della politica di Rugova; anche se non si tratta né di un protettorato internazionale, né di una missione di *peacekeeping*, la presenza degli osservatori internazionali crea un senso di maggiore sicurezza tra la popolazione civile. Gli sfollati tornano in buona parte nelle loro case.

È interessante notare il modo in cui il segretario generale della Nato Solana interpreta il processo che ha portato all'accordo tra Milošević e Holbrooke. Nelle sue dichiarazioni (27 ottobre) vengono espressi sostanzialmente due concetti centrali. Da un lato la definizione del conflitto incentrata esclusivamente sulla responsabilità della polizia speciale jugoslava e delle forze militari; è una chiara differenza di accentuazione rispetto alla fraseologia usata nelle decisioni dell'Onu e dell'Osce. Dal punto di vista serbo, queste espressioni possono essere lette facilmente come una dichiarazione di ostilità.

Il secondo concetto è altrettanto decisivo: dei diversi elementi che hanno portato all'accordo Milošević-Holbrooke viene menzionata soltanto la politica della minaccia perseguita dalla Nato. Solana dimentica le altre condizioni, ovvero l'unità di intenti tra i componenti del Gruppo di contatto ed in particolare con il governo russo, e la presenza nell'accordo di una serie di concessioni di non poco conto allo stesso Milošević (v. cap. 7).

Paradossalmente l'accordo che momentaneamente interrompe gli scontri in Kosovo nel 1998 contribuisce a gettare le fondamenta della guerra del 1999. I vertici della Nato si convincono dell'efficacia della strategia della minaccia, e fatalmente mantengono in vigore gli *Activation Orders*, privandosi quindi di un importante margine di manovra strategico: l'Alleanza si trova ormai soltanto a un passo dall'azione armata.

La Jugoslavia, d'altro canto, con il suo potenziale di guerra non è riuscita a dare il colpo di grazia alla guerriglia albanese, ha assunto diversi obblighi internazionali ed è costretta ad accettare un nutrito contingente di osservatori nella provincia contesa.

La situazione è ideale per l'Uçk: dopo i rovesci subiti nell'estate e la sistematica persecuzione nell'autunno, la guerriglia ha ora il tempo di superare le sue principali debolezze. L'Esercito di liberazione sfrutta la pausa invernale iniziata con l'accordo del 12 ottobre anzitutto per darsi un'organizzazione meglio coordinata, in modo da evitare gli errori del maggio-giugno precedente. Inoltre iniziano ad arrivare armi nuove e migliori per il prossimo round della guerra.

Soprattutto, l'intervento armato dell'Occidente è vicinissimo: dopo la serie di minacce di settembre e ottobre, e soprattutto con l'innesco dell'ordine di attivazione, basterà aspettare un nuovo giro nella spirale dell'escalation. Stando cosí le cose, l'Uçk non ha alcun interesse ad utilizzare il cessate il fuoco come «finestra di opportunità» per avviare una soluzione negoziata sul Kosovo (v. cap. 13). Tanto piú che nell'accordo con Holbrooke, Milošević riesce ad evitare l'idea che il conflitto vada risolto con la mediazione internazionale.

La «forza di estrazione Nato» in Macedonia

Nello stesso giorno in cui Solana dichiara che l'ordine di attivazione rimane in vigore, il segretario di Stato Usa Madeleine Albright annuncia la decisione della Nato di dispiegare in Macedonia una forza di reazione rapida (Xfor), dichiarando il 27 ottobre che «il suo scopo è quello di assicurare che le forze dell'Alleanza siano in grado di rispondere immediatamente se necessario».

Il dispiegamento di una forza di terra della Nato alle frontiere con la Rfj è una novità di portata assai rilevante. Inoltre, il dispiegamento delle truppe Nato in Macedonia non faceva parte degli accordi tra Milošević e Holbrooke e – soprattutto a sentire le vaghe parole del segretario di Stato sugli scopi della missione – le autorità serbe potevano certo percepire questo spiegamento come una minaccia addizionale e ingiustificata, dopo che Milošević aveva concluso l'accordo con i paesi del Gruppo di contatto.

Pochi giorni dopo si chiarisce che il mandato della forza sarà ristretto all'eventualità di evacuare singoli individui o tutti i componenti della missione Osce dal Kosovo in caso di emergenza. A metà novembre, tuttavia, il ministero degli Esteri della Rfj ammonisce la Macedonia di non concedere l'autorizzazione allo stazionamento delle truppe Nato.

In aggiunta, la Nato stabilisce nella città di frontiera di Kumanovo il Kosovo Verification Coordination Center

(Kvcc), con il compito di coordinare le attività della Missione di verificazione aerea, della Xfor e della missione Osce.

A dicembre il governo macedone autorizza lo stazionamento di un contingente di 1.500-1.700 soldati, muniti di armamento leggero e con circa venti elicotteri in dotazione. L'ordine di attivazione Nato, emesso il 5 dicembre, si limita a menzionare la protezione della missione Osce in Kosovo.

La quiete di ottobre e novembre

Alla fine del 1998 il dispiegamento della presenza civile contribuisce a una sensibile de-escalation in Kosovo. In particolare i rifugiati interni ritornano nella grande maggioranza nelle loro case: questo evento conferma che, nel corso del 1998, lo scopo delle forze militari serbe era la sconfitta militare dell'Uçk attraverso un uso sproporzionato della violenza anche contro la popolazione civile; tuttavia non ci si trovava di fronte al disegno dell'espulsione in massa degli albanesi dai territori del Kosovo (Schweitzer 1999). Questo fatto è importante, perché la tesi che la Nato deve agire per fermare la pulizia etnica già in corso nel Kosovo sarà una delle giustificazioni piú ripetute all'inizio dei bombardamenti aerei sulla Jugoslavia.

La missione dei verificatori Osce non acquista però l'incisività che pure avrebbe potuto avere. Anzitutto vi è un forte ritardo nella costituzione del contingente: rispetto al numero previsto di duemila osservatori, la missione Kvm dopo quattro mesi dal suo inizio arriverà ad averne 1.200. Si tratta di un sintomo evidente dell'impreparazione degli Stati e delle organizzazioni internazionali a inviare missioni civili di monitoraggio in zone di conflitto. All'Osce vengono attribuiti anche la carenza di leadership e di gestione, e una forte dominanza dell'elemento militare, in conflitto con il personale civile nell'approccio alla situazione.

Il fattore di debolezza decisivo, però, è di natura politica, ed è una fondamentale differenza tra l'approccio franco-tedesco da una parte e quello della leadership statunitense e britannica (in particolare del capo missione Walker) dall'altra: gli europei continentali cercano di comportarsi come «terza parte», mentre il vertice angloamericano della missione prende da subito posizione contro i serbi. Testimonianze di osservatori di diverse nazionalità (svizzeri, italiani, tedeschi) sottolineano tale atteggiamento decisamente parziale a favore dell'Uçk e contro i serbi (Ulisse 1999; Heine 1999). Sorge anche il sospetto che alcune strutture della missione – in particolare il dipartimento «Fusion» – abbiano raccolto informazioni militari utili per i successivi attacchi della Nato (*Limes* 1999).

Il lavoro diplomatico al vertice

Intanto, la diplomazia statunitense lavora per iniziare un processo negoziale. Già a partire dal luglio 1998, l'inviato speciale degli Stati Uniti per il Kosovo e ambasciatore in Macedonia Christopher Hill cerca di ottenere il consenso delle leadership serba e albanese su una bozza di accordo, con l'aiuto di Lloyd Cutler, che aveva contribuito a stendere l'accordo di Dayton. Una prima versione del documento viene fatta propria dal Gruppo di contatto il 1° ottobre e successivamente accettata da Milošević nell'accordo con Holbrooke come base per negoziati bilaterali. I leader albanesi rifiutano con fermezza la bozza, e a novembre Hill elabora una versione che incorpora alcune loro richieste.

Nel corso del mese di novembre è la volta del presidente della Serbia Milutinović, che presenta una «Proposta congiunta di accordo-quadro politico sull'autogoverno in Kosovo e Metohija», modellato sui princípi alla base dell'accordo del 13 ottobre. Naturalmente la leadership albanese rifiuta la proposta.

Il 2 dicembre, Hill presenta una ennesima versione della bozza, che incorpora alcune delle critiche mosse dai serbi alla precedente stesura, con il risultato che alle reazioni negative di Belgrado si sommano ora quelle di Priština. Il parlamento federale jugoslavo emette una dichiarazione il 3 dicembre in cui stigmatizza la mediazione di Hill come «strumento di pressione, minacce e flagrante interferenza degli Usa negli affari interni della Rfj».

Una caratteristica costante dello sforzo di mediazione da parte della diplomazia internazionale è la tendenza a mettere in evidenza gli aspetti di *contenuto* di una soluzione negoziata: il paradosso dell'attività di Hill, il cui risultato finale è un «no» da entrambe le parti, illustra bene i limiti di questo approccio.

Non si è tentato di porre l'accento sugli aspetti *processuali* (cfr. Arielli, Scotto 1998): individuare diversi agenti per una trasformazione in senso più pacifico del conflitto, fornire una cornice diplomatica adeguata ad esempio con la convocazione di una conferenza internazionale per il Kosovo, individuare persone ed istituzioni credibili per un'attività di mediazione o facilitazione in qualità di terze parti, coinvolgere nel processo esponenti della società civile del Kosovo, della Jugoslavia e della comunità internazionale in generale. Questa strada non avrebbe fornito la garanzia di un esito positivo, ma era senz'altro più promettente, e non è stata percorsa.

La missione dell'Osce – con tutti i suoi limiti, strutturali e di gestione politica – è stata la penultima occasione mancata per avviare un processo di pace.

L'escalation di dicembre

Al ritiro delle forze serbe concordato nell'accordo Milošević-Holbrooke si accompagna l'avanzata dell'Uçk, che prende le posizioni in precedenza tenute dalle forze di sicurezza jugoslave; inoltre si registrano diversi attacchi contro la polizia serba.

In questo momento la guerriglia sembra costituire l'ostacolo più serio all'avvio di un processo di distensione in vista di una soluzione negoziata. L'agenzia di stampa Reuters riporta le parole di un diplomatico occidentale, secondo il quale i guerriglieri dell'Uçk ignorano il cessate il fuoco in Kosovo, non cooperano con la missione e si dimostrano brutali sia nei confronti dei serbi che verso gli albanesi «non graditi» (cit. in Schweitzer 1999, p. 14).

Fino alla metà di dicembre, nonostante una serie di incidenti, la tregua sembra tenere. Il 14 dicembre i serbi convocano gli osservatori alla frontiera con l'Albania, dove 31 kosovari albanesi sono stati uccisi durante un tentativo di infiltrazione. La sera stessa a Peč sei serbi sono vittima di un attacco terroristico in un locale pubblico. In una dichiarazione, il presidente in carica dell'Osce, Geremek, condanna fermamente la strage: «le autorità federali jugoslave e la gente del Kosovo devono impegnarsi a negoziare, e non ricorrere nuovamente alla violenza». Anche nelle parole di Geremek traspare la fatale asimmetria degli accordi su cui la missione si basa.

Nei giorni seguenti, il conflitto armato divampa nuovamente, spesso seguendo la dinamica già osservata all'inizio dell'anno: prima attacchi e attentati da parte dell'Uçk, poi una reazione di violenza sproporzionata delle forze di sicurezza serbe. Il tipo di risposta dei serbi sembra significare che potenzialmente ogni albanese viene visto come un nemico e una minaccia militare.

Il 26 dicembre il comandante Nato Wesley Clark dichiara senza mezzi termini: «stiamo assistendo a un nuovo episodio di significativa escalation [...] della violenza da parte dei serbi. L'esercito jugoslavo ha rotto la sua promessa con la Nato» (cit. in Troebst 1999). I vertici dell'Alleanza si schierano dunque contro la Serbia. Il giorno successivo il capo missione Walker effettua una dichiarazione piú equilibrata, in cui afferma che entrambe le parti che si fronteggiano in Kosovo vogliono la guerra.

E infatti, nei primi giorni dell'anno i guerriglieri albanesi uccidono quattro poliziotti serbi, e l'8 gennaio prendono in ostaggio alcuni militari. In questo momento diviene evidente la divergenza di approccio all'interno della missione Osce, tra l'atteggiamento antiserbo di Walker e il tentativo di agire da «terza parte» degli europei. «I vicecapomissione votano all'unanimità la diffusione di una dichiarazione di condanna dell'Uçk, in contrasto con la volontà di Walker [...] L'agenzia *Reuters* riporta nello stesso giorno due dichiarazioni diametralmente opposte della stessa missione sullo stesso caso: una da Priština a firma Keller [vice capo missione francese] che attribuisce ai combattenti albanesi la responsabilità dell'accaduto e dell'aumento degli scontri; l'altra da Washington a firma Walker che invece indica i serbi come nuova causa della tensione e della violazione della tregua» (Ulisse 1999, p. 117).

Pochi giorni dopo le forze armate serbe compiono un massacro nel villaggio di Raçak, uccidendo e mutilando oltre 45 civili albanesi, diversi dei quali uccisi a distanza ravvicinata. Le autorità serbe sostengono che i morti sono guerriglieri e che l'Uçk ha tolto loro le divise ed effettuato una messa in scena. Il capo missione dell'Osce Walker, poche ore dopo aver visitato il luogo del massacro accusa l'esercito e le forze di sicurezza serbe di essere responsabili del massacro di civili. Questa conclusione sarà condivisa successivamente dal rapporto di una commissione di patologi finlandesi, mentre da parte delle autorità si sostiene l'esistenza di una «cospirazione antiserba». In seguito alla sua presa di posizione sul massacro, Walker viene dichiarato «persona non grata» dalle autorità jugoslave: la missione sembra sull'orlo del fallimento, fino a che Belgrado annulla la decisione di espellere il diplomatico statunitense.

Il 23 gennaio vengono rilasciati nove guerriglieri dell'Uçk dopo che l'Esercito di liberazione del Kosovo aveva preso in ostaggio cinque civili serbi. Il 27 gennaio avviene un secondo massacro di civili presso Rogova, nei pressi di Djakovica: le vittime sono 20 albanesi. Nei giorni successivi diverse bombe esplodono a Priština ed in altre città della provincia. A fine gennaio 1999, la tensione nel Kosovo è a livelli altissimi.

A Washington, tre giorni dopo il massacro di Raçak, Madeleine Albright propone di minacciare Milošević con bombardamenti aerei della Nato contro la Jugoslavia, e dà un importante contributo al processo che porterà alla guerra di marzo: la proposta statunitense ora è di costringere il presidente della Rfj ad accettare il dispiegamento di truppe Nato nella provincia per sorvegliare il ritiro delle forze serbe e la realizzazione di un'ampia autonomia.

Con questa richiesta gli alleati occidentali ed in particolare gli Stati Uniti diventano a tutti gli effetti parte in conflitto: *la presenza di truppe Nato in Kosovo diventa d'ora in poi per l'Alleanza una priorità assoluta, piú importante della ricerca di una soluzione negoziata.* Il capovolgimento degli obiettivi occidentali diviene manifesto nel corso della guerra, e il 7 giugno il ministro della Difesa inglese Robertson cosí riassumerà in una conferenza stampa gli obiettivi degli alleati: «fuori i serbi, dentro la Nato».

10. Rambouillet

Il 6 febbraio 1999 nel castello di Rambouillet, presso Parigi, su iniziativa del Gruppo di contatto iniziano le trattative per una soluzione politica al conflitto del Kosovo. Sulla conferenza pende la minaccia della Nato di bombardare la Jugoslavia. Prima, durante e dopo la conferenza di Rambouillet si tengono non una, ma tre trattative: i paesi occidentali trattano in parallelo da un lato con gli albanesi, dall'altro con i serbi; inoltre, i cinque paesi della Nato all'interno del Gruppo di contatto si confrontano continuamente con la Russia. Ad un certo punto si ha l'impressione che il problema della soluzione del conflitto in Kosovo passi in secondo piano.

È importante ricordare gli eventi che hanno preceduto la trattativa. La parte serba si è riarmata in vista della ripresa delle posizioni perdute sul terreno dopo l'accordo tra Milošević e Holbrooke. Alla *shuttle diplomacy* intrapresa dallo statunitense Hill non è stato concesso molto, e un eventuale processo negoziale con gli albanesi sembra lontano. Per di più, i massacri di gennaio hanno nuovamente pesato sulla posizione dei serbi e consolidato la propensione occidentale ad intraprendere un'azione militare contro Belgrado.

Nel campo albanese, l'Uçk è ormai il leader indiscusso del movimento nazionale, in seguito alla lunga guerra del 1998; l'ascesa dell'Esercito di liberazione sulla scena politica kosovara viene accolta con una sorta di neutralità benevola dalla diplomazia internazionale. Da terroristi, gli uomini dell'Uçk sono diventati nel giro di pochi mesi «combattenti per la libertà». I segnali ricevuti sul campo dalla missione dell'Osce e dalle dichiarazioni dei vertici della Nato fanno sembrare che l'occidente (o almeno gli Usa) sia schierato dalla parte dell'Esercito di liberazione. Gli Albanesi non fanno mistero di volere l'intervento militare della Nato, non importa se nella variante della missione di pace, o in quella dei bombardamenti.

Volgendo lo sguardo alla comunità internazionale, l'Alleanza atlantica si affaccia al nuovo round della guerra in Kosovo senza avere piú margini di manovra nell'attuazione della propria strategia della minaccia: gli ordini di attivazione riguardanti bombardamenti aerei limitati o una campagna aerea a piú fasi emessi in ottobre per costringere Milošević ad accettare le proposte di Holbrooke sono ancora in vigore. Non c'è spazio per un ulteriore gesto minaccioso: il prossimo passo nell'orizzonte dell'Alleanza è l'uso effettivo delle armi.

L'Alleanza atlantica ricopre da ottobre un doppio ruolo. Da un lato è l'organizzazione militare dell'occidente, l'«Alleanza piú potente del pianeta», che si avvia a festeggiare i cinquant'anni di vita. Dall'altro, essa agisce nella veste di braccio armato in nome e per conto del Gruppo di contatto. Naturalmente, i paesi occidentali non intendono subordinare l'eventualità di un proprio intervento al placet di Mosca, che siede anch'essa nel Gruppo di contatto.

La decisione di imboccare la via delle minacce unilaterali, in apparenza la scelta piú semplice di fronte ad una Russia non cooperativa e continuamente alle prese con i propri problemi interni, si rivela foriera di un automatismo che contribuirà non poco all'avvio della guerra. In sostanza, il Gruppo di contatto ha una posizione comune sul conflitto nel Kosovo solo su alcuni punti minimi: nel corso del 1998 si ripete continuamente che non viene sostenuta né l'indipendenza della provincia (quindi cercando di rassicurare Belgrado), né la prosecuzione dello status quo. Mentre con il governo di Mosca le vedute sul futuro del Kosovo grosso modo coincidono, e vengono di solito riassunte con le formule di «ampia autonomia» o «statuto speciale», le idee ovviamente divergono sulle modalità di azione per indurre le parti a giungere a una soluzione negoziata. Cosí la Russia appoggia solo in parte il processo negoziale di Rambouillet, e rinforza in tal modo la scelta occidentale di agire in maniera unilaterale: si innesca un circolo vizioso, che allontana sempre di piú la possibilità di gestire la crisi del Kosovo in maniera congiunta rafforzando la tentazione di cercare di risolvere il conflitto unilateralmente.

A partire dal gennaio 1999 gli Stati Uniti portano avanti una strategia caratterizzata da una estrema durezza nei confronti di Belgrado, dalla scelta preminente di una risposta armata Nato al problema del Kosovo e dalla marginalizzazione completa della Russia.

È il segretario di Stato Madeleine Albright la piú accesa sostenitrice della linea dura. Il 19 gennaio, in una riunione in cui è assente il presidente Clinton (distratto dal procedimento di *impeachment* per lo scandalo Lewinsky, giunto alla sua fase cruciale), è proprio lei a far passare la decisione di imporre alla Serbia lo stazionamento di truppe Nato nel Kosovo, con la minaccia di bombardamenti (Øberg 1999).

Si tratta di una ulteriore decisione fatale sulla via della guerra, anzitutto perché aumenta enormemente la posta in gioco. Infatti da ora in poi non si tratta piú solo di imporre una soluzione politica al conflitto tra serbi e albanesi (come ancora in ottobre, ai tempi dell'accordo tra Holbrooke e Milošević), ma anche di costringere le autorità jugoslave ad accettare una presenza militare in Kosovo dell'alleanza che da mesi ormai minaccia un attacco aereo, per di piú senza un mandato del Consiglio di sicurezza, e il ritiro quasi completo delle forze di polizia e dell'esercito jugoslavo (v. Fubini 1999).

Inoltre, il perseguimento di questo nuovo obiettivo strategico sbarra del tutto la strada a un'azione concertata insieme ai russi e sancisce la fine del «multilateralismo ad hoc» alla base del Gruppo di contatto. Da ora in poi la gestione della crisi passa a un «direttorio occidentale», che di facciata sarà composto dai cinque paesi Nato del Gruppo di contatto, ma che di fatto sarà costituito dagli

Stati Uniti in un rapporto privilegiato con i governi alleati piú importanti: in primo luogo Londra, poi Parigi e in subordine Bonn.

In realtà a Washington il segretario di Stato vorrebbe un ultimatum Nato a Milošević già il 24 gennaio, senza altri sforzi diplomatici; i rappresentanti europei però si oppongono, perché sarebbe una provocazione nei confronti della Russia, tanto piú che il Gruppo di contatto è convocato per il 29. In questa sede, su pressione degli europei, viene deciso di convocare la conferenza di Rambouillet: dal punto di vista statunitense, ed in particolare del segretario di Stato, si tratta dunque di un tentativo negoziale a tempo scaduto. Per gli europei, *Rambouillet* viene celebrata come la «Dayton dell'Europa», il *remake* della conferenza che tre anni prima ha portato agli accordi di pace per la Bosnia.

Il 30 gennaio il Consiglio atlantico dichiara: «la strategia della Nato è di fermare la violenza e sostenere il completamento (sic) di negoziati su un accordo politico interinale, in tal modo evitando una catastrofe umanitaria». Nella stessa dichiarazione si dà espressamente mandato al segretario generale Solana di autorizzare attacchi aerei contro obiettivi nella Rfj. La dichiarazione termina con una minaccia velata quanto inconcludente contro l'Uçk: l'Alleanza «prenderà tutte le misure appropriate nel caso che gli albanesi del Kosovo non accettino le richieste della comunità internazionale». Tutti sanno naturalmente che, anche qualora la minaccia avesse un fondamento politico, la Nato non avrebbe la possibilità di metterla in pratica, data la natura della controparte.

Alla vigilia della conferenza, in Kosovo, gli scontri armati diminuiscono: una calma apparente dovuta al fatto che entrambe le parti attendono gli esiti del negoziato di Parigi.

La composizione della delegazione albanese riflette gli sviluppi dell'ultimo anno: a capo del gruppo è Hashim Thaçi, di 29 anni, massimo dirigente politico dell'Uçk. Rugova e i rappresentanti della Ldk hanno il ruolo di comprimari.

La delegazione serba invece è capitanata da Vuk Drašković, ex leader dell'opposizione di orientamento monarchico nazionalista e ora vice primo ministro nel governo serbo dominato dal partito di Milošević. È la stessa persona che due anni prima era alla testa del movimento di opposizione *Zajedno*, che aveva mobilitato centinaia di migliaia di cittadini in tutta la Serbia. Tuttavia è evidente che è Milošević ad avere l'ultima parola sulla posizione della Rfj. Successivamente comparirà alla conferenza il presidente serbo Milutinović.

A Rambouillet si svolge un processo che è arduo definire «trattativa», e che è caratterizzato dalla presenza di due incompatibilità fondamentali. La prima divide la delegazione della Rfj da quella kosovara albanese, e riguarda il contenuto politico dell'accordo, in particolare lo status finale della provincia: gli Albanesi sostengono da anni l'obiettivo della piena indipendenza, mentre i Serbi intendono concedere soltanto una più o meno limitata autonomia.

La seconda incompatibilità divide i paesi occidentali del Gruppo di contatto – ma in misura particolare Usa e Gran Bretagna – dalla Jugoslavia e dalla Russia, e riguarda l'implementazione militare. Per gli Stati Uniti il dispiegamento in Kosovo di una missione militare Nato, o condotta dalla Nato, è ora una *conditio sine qua non* per l'accordo.

La trattativa tra serbi e albanesi a Rambouillet si restringe quindi ai dettagli dell'accordo politico interinale (non allo status finale della provincia), ed i risultati sono, presi di per sé, discreti, tanto è vero che permetteranno agli occidentali di «vendere» la prima fase del processo negoziale di Rambouillet come un successo.

Prima dell'inizio formale delle trattative, le parti accettano alcune «regole fondamentali» richieste dal Gruppo di contatto: a Rambouillet si giungerà anzitutto ad un accordo politico che regolerà l'autonomia del Kosovo; le questioni civili e militari della sua messa in pratica, tra cui la controversa questione dello stazionamento di truppe di *peacekeeping*, verranno messe sul tavolo in un secondo momento. Questa regola in realtà corrisponde alla divisione esistente all'interno del Gruppo di contatto sull'implementazione militare dell'accordo.

Sulla base del lavoro negoziale svolto da Hill a partire dalla metà di ottobre il Gruppo di contatto ha elaborato a gennaio una bozza di accordo, che secondo le regole alla base del negoziato comprende però solo la parte politica; le misure di implementazione civili o militari sono oggetto di annessi separati, che verranno presentati alle parti solo nei giorni finali della conferenza. Nemmeno il mediatore russo ne conosce all'inizio il contenuto (Zumach 1999).

Il 6 febbraio i tre mediatori Hill, Majorski (viceministro degli Esteri russo) e Petritsch (austriaco, in rappresentanza dell'Ue) presentano la bozza ai rappresentanti serbi ed albanesi convenuti a Rambouillet. Le due delegazioni non si incontreranno mai nel corso delle trattative. Del resto, i mediatori non lasciano alle parti molto spazio: «alla fine imporremo l'80% di quello che abbiamo in mente», dichiara Petritsch in un'intervista all'apertura dei negoziati (Zumach 1999, p. 70), «la conferenza risulterà in un *diktat* del Gruppo di contatto».

Dal punto di vista politico i progressi sono all'apparenza assai significativi: anzitutto la parte albanese accetta il contenuto dell'accordo, recedendo almeno nominalmente dalla richiesta di indipendenza. Anche i serbi dimostrano, seppure a denti stretti ed in maniera poco chiara, la volontà di giungere ad un accordo sulle questioni di merito: sul finire della prima parte della conferenza la delegazione jugoslava accetta in linea di principio l'esito negoziale, dopo una serrata attività dei mediatori e non poche concessioni.

La questione dello status finale della provincia caratterizzerà la fine della conferenza. I mediatori e dietro di loro il Gruppo di contatto, non recedono dalla posizione che vede il futuro del Kosovo come entità autonoma all'interno della Jugoslavia.

La delegazione kosovara albanese, dal canto suo, chiede con insistenza che nel testo le parti siano impegnate a tenere, dopo tre anni di amministrazione transitoria, un referendum sullo status definitivo del Kosovo. Naturalmente, la richiesta di un tale referendum avrebbe significato la secessione del Kosovo dalla Rfj, data la sproporzione esistente tra popolazione albanese e minoranza serba.

Le posizioni inconciliabili risultano nel fragile compromesso che prevede, al termine del periodo transitorio, «una riunione internazionale per determinare il meccanismo di una soluzione finale per il Kosovo, sulla base della volontà della popolazione».

I rappresentanti dell'Uçk non sono soddisfatti. A questo punto sulla delegazione albanese i mediatori e soprattutto Madeleine Albright in persona effettuano pressioni fortissime per l'accettazione dell'accordo. Il segretario di Stato fornisce, nel corso di una drammatica trattativa notturna, assicurazioni bilaterali nel senso che la formula si riferisce effettivamente al diritto dei kosovari di tenere un referendum (Weller 1999, p. 232). Finalmente, al termine della conferenza, il capo delegazione kosovaro Thaçi presenta a Hill una lettera in cui dichiara di accettare i termini politici dell'accordo, e interpreta la formula sulla «volontà popolare» nella determinazione dello status finale della provincia nel senso di un referendum da tenersi tra gli abitanti del Kosovo. Il «sí» degli albanesi è cosa fatta, e verrà confermato rapidamente il 15 marzo a Parigi, nella fase finale della conferenza: Rugova e Thaçi appongono la firma sotto la bozza di accordo concordata alla meglio a Rambouillet.

Nonostante le garanzie bilaterali fornite oralmente ai kosovari, all'indomani della conferenza gli Stati Uniti e gli altri paesi occidentali sembrano non dare importanza alla dichiarazione di Thaçi. Secondo il ministro degli Esteri Dini, i kosovari sono stati «caricati di attese e poi delusi» (cit. in Fubini 1999, p. 3): piú precisamente, gli è stato presentato un accordo da prendere o lasciare, accompagnato da promesse probabilmente false. In questo modo, i rappresentanti degli albanesi sono stati in pratica costretti ad accettare quello che da anni avevano rifiutato.

Ma è la seconda contraddizione di fondo della conferenza, quella relativa agli aspetti dell'implementazione militare, ad essere decisiva: in questo punto il Gruppo di contatto si presenta a Rambouillet su posizioni inconciliabili.

La Russia è contraria – e lo rimarrà costantemente fino a giugno, fino al *coup de theatre* dell'occupazione dell'aeroporto di Priština – all'idea di una missione di *peacekeeping* affidata all'Alleanza atlantica, e disapprova fermamente la minaccia di bombardamenti che grava su Belgrado.

Dal canto loro, i governi occidentali hanno fatto propria l'idea di una missione militare in Kosovo guidata dalla Nato, senza mandato del Consiglio di Sicurezza; l'Italia ha provato senza successo (ma forse senza nemmeno troppa convinzione) a convincere i partner alleati ad inviare in Kosovo una missione militare sotto l'egida dell'Osce (Hofmann 1999). Gli Stati Uniti però hanno buon gioco nel dettare la propria volontà ai quattro alleati europei, ciascuno dei quali sembra andare per conto proprio.

La gestione della conferenza che doveva essere una Dayton europea riflette alla fine le priorità poste dagli Stati Uniti – al prezzo del fallimento del «negoziato».

Cosí, i protocolli di implementazione civile e militare – compreso l'«annesso B», di cui parleremo tra un momento – *sono espressamente dichiarati dai mediatori come non negoziabili* (sia secondo il consulente degli albanesi: Weller, 1999, pp. 228, 231; sia secondo fonti diplomatiche russe: Zumach 1999, p. 78). Poiché la Nato ha già minacciato di bombardare la Jugoslavia nel caso in cui questa non accetti di firmare il testo dell'accordo, parlare di «negoziato» in questo caso è un eufemismo per qualcosa che assomiglia piú a un *diktat*.

Poiché non deve essere discusso, il testo di questi annessi viene presentato alle parti solo il giorno prima della scadenza fissata dal Gruppo di contatto, il 20 febbraio (Weller 1999, p. 231), causando sorpresa e delusione nella delegazione serba (Simić 1999). Il ritardo nella presentazione dell'annesso militare rinvia alla frattura decisiva all'interno del Gruppo di contatto tra paesi occidentali e Russia: persino il mediatore russo Majorski ne viene informato solo alla fine.

Rispetto agli accordi di Dayton, questa volta Mosca non è mai veramente inserita nel processo negoziale: per giungere alla composizione della forza Ifor-Sfor, a comando Nato e con la partecipazione di truppe russe, Holbrooke e lo stesso Clinton avevano negoziato a lungo con il governo di Mosca prima della trattativa con serbi, croati e bosniaci musulmani. Dayton era stato in un certo senso il trionfo del «multilateralismo ad hoc» del Gruppo di contatto. A Rambouillet avviene il contrario.

Esaminando il contenuto della bozza di accordo-*diktat* di Rambouillet riguardante l'implementazione militare, colpisce anzitutto l'asimmetria degli impegni che le parti prendono: per le forze della Rfj sono stabiliti termini precisi entro i quali portare i contingenti dell'esercito e delle forze di polizia stazionati in Kosovo a livelli prefissati (2.500 soldati). Per quanto riguarda l'Uçk, esso dovrà impegnarsi pubblicamente alla smilitarizzazione, i cui termini verranno stabiliti in seguito dal comandante della forza militare Nato.

È interessante confrontare alcune disposizioni chiave con il testo sottoscritto a Dayton, anche perché la gran parte del testo ricalca parola per parola l'annesso corrispondente (1A) dell'accordo sulla Bosnia. Anzitutto, il ruolo del Consiglio di Sicurezza muta: per Dayton esso autorizzava gli Stati membri a creare una forza militare internazionale a guida Nato, aprendo la porta ad un compromesso con la Russia, a Rambouillet il Consiglio di Sicurezza «è invitato ad approvare una risoluzione che dia l'assenso e adotti (*endorsing and adopting*) [...] la creazione di una forza militare»; allo stesso modo, il ruolo di leadership della Nato viene espresso in maniera assai piú diretta, evidentemente senza preoccuparsi molto dell'assenso della Russia. Questa parte della bozza di Rambouillet sembra essere fatta apposta per rendere impossibile l'appoggio del governo di Mosca.

L'annesso B del capitolo 7 sull'implementazione militare è quello che ha dato luogo ai dibattiti piú controversi. Il testo – anch'esso dichiarato non negoziabile dai mediatori – riprende le disposizioni di Dayton, che prevedevano assai ampie libertà di movimento per le forze armate dell'Ifor. Questa volta vengono ripetute le stesse formule, ma per tutto il territorio della Jugoslavia: «il personale Nato godrà, con i suoi veicoli, navi, aerei ed equipaggiamento, di diritti di passaggio libero e senza restrizioni, e di accesso senza impedimenti ovunque nella Rfj»: le truppe Nato possono dunque muoversi liberamente in tutto il paese, non solo in Kosovo. La Nato ha diritto all'esenzione da qualsiasi pedaggio o tariffa di uso per le infrastrutture del paese. Al personale Nato viene garantita una completa immunità riguardo a procedimenti civili, amministrativi o penali nel territorio di tutta la Rfj.

Naturalmente questo dispositivo – che concede alle truppe della Nato lo statuto di forza di occupazione in tutta la Jugoslavia – non può essere accettato dal governo della Rfj; la delegazione jugoslava, quindi, rifiuta di prendere atto dell'annesso. Fonti diplomatiche occidentali, tra cui lo stesso mediatore Petritsch, sostengono che il testo non intendeva prevedere l'accesso armato della missione Nato a tutta la Jugoslavia, ma esclusivamente il transito. «Se questo era lo scopo, risulta però difficile capire perché gli autori della bozza di Rambouillet (ovvero Clark) non abbiano riprodotto – invece dello statuto sulla Bosnia [...] – l'accordo di Dayton fra l'Alleanza e la Jugoslavia stessa. In quest'ultimo [...] si precisa che "il governo della Rfj permetterà il libero *transito*" sul proprio territorio a personale e mezzi della Nato... Belgrado avrebbe dovuto accettare tali misure, perché in realtà lo aveva già fatto ai tempi di Dayton» (Fubini 1999, p. 29).

Sorge l'impressione che i paesi occidentali prima e durante Rambouillet si interessino assai meno della soluzione del conflitto che non del perseguimento della propria linea politica e dei propri obiettivi: anche solo per questo non è possibile parlare di una attività di mediazione, neppure nella variante della «power mediation» utilizzata per la Bosnia. I paesi occidentali sono parti del conflitto a tutti gli effetti; la conferma tragica la si avrà allo scoppio della guerra, il 24 marzo.

Prima di arrivare all'intervento Nato, ormai, rimane solo un breve intermezzo. I ministri degli Esteri dei paesi occidentali nel Gruppo di contatto dichiarano all'unisono che la conferenza di Rambouillet è tutt'altro che fallita, e che a livello diplomatico si è registrato un «accordo di principio» sulla parte politica degli accordi, e che tre settimane dopo a Parigi si discuterà dell'implementazione. I ministri degli Esteri francese e britannico, Védrine e Cook, sottolineano che anche la Russia condivide il pacchetto degli accordi, compresa la parte dell'implementazione militare. Cosa – come abbiamo visto – non vera.

La versione pubblica in quei giorni parlava di una semplice pausa del processo negoziale, resa necessaria dai progressi registrati a Rambouillet. In realtà le delegazioni albanese e serba sanno che sull'implementazione militare possono solo prendere o lasciare. Secondo le regole procedurali stabilite dai «mediatori» del Gruppo di contatto, a Parigi si sarebbe potuto discutere solo di dettagli tecnici, non di questioni di sostanza. «Questa ulteriore conferenza... non sarebbe stata né puramente una conferenza per la firma [dell'accordo] né un conferenza in cui si sarebbero riaperte le discussioni su una soluzione politica. Evidentemente si intendeva focalizzare i colloqui sull'implementazione – proprio sulle questioni che erano state dichiarate essere non negoziabili durante l'intero processo di Rambouillet» (Weller 1999, p. 234).

Sorge spontanea la domanda sul perché si sarebbero dovuti tenere colloqui su un tema dichiarato non negoziabile. Nelle tre settimane che intercorrono tra Rambouillet e Parigi, la delegazione kosovara può consultarsi con la base. La prospettiva di una prosecuzione dei negoziati, inoltre, contribuisce a consolidare in diversi paesi il sostegno politico a un possibile uso della forza militare contro la Rfj: è il caso ad esempio della Germania, dove il Bundestag dà il via libera ad una partecipazione delle forze tedesche in una azione contro la Jugoslavia (Zumach 1999, p. 80).

La conferenza di Parigi si chiude con la firma della delegazione kosovara albanese in calce all'accordo, frutto del singolare processo negoziale avvenuto nel mese precedente. Tutto è pronto per la guerra.

A Rambouillet non si è scritta solo una pagina di pessima diplomazia; la scarsa trasparenza del negoziato e la manipolazione delle informazioni al riguardo mette in questione la legittimità democratica della decisione di diversi Stati di partecipare alla guerra (per la Germania v. Zumach 1999).

11. La guerra

*Io ho capito il meccanismo della nostra follia.
Ma tu, hai capito il meccanismo della vostra?*
(Un esponente dell'opposizione serba a M. Ignatieff durante la guerra del Kosovo)

Il 19 marzo Rambouillet viene dichiarato definitivamente capitolo chiuso. L'ordine dell'attacco da parte di Solana, atteso come un'inevitabile conseguenza burocratica, è emesso il 24 alle ore 20 locali. Missili teleguidati e aerei colpiscono i primi obiettivi militari nei pressi di Belgrado, Novi Sad e in Montenegro. Non regna alcuna euforia, solo la sensazione di essere in una esemplare situazione di minaccia «fallita» e ora destinata inevitabilmente ad essere eseguita.

Il primo scopo proclamato dell'azione è infatti quello necessario del «salvare la faccia», oltre che impedire la continuazione delle repressioni nel Kosovo. Come avrebbe affermato il 31 marzo l'ex segretario della difesa Frank C. Carlucci: «Se il *bluff* è smascherato (*the bluff is called*, «chiamato», secondo la terminologia del poker), [...] allora bisogna prevalere, non c'è alternativa a questo». Nelle prime quarantotto ore (prima dell'arrivo dell'ondata massiccia di profughi) si spera nel fatto che questa sia una misura necessaria per dare a Milošević un «pretesto» per poter giustificare politicamente il suo cedimento. Ma aumentano le voci convinte che non sarà questione di pochi giorni.

Il disorientamento strategico viene in parte superato a partire dal 26 marzo, quando le notizie cominciano ad annunciare la catastrofica emergenza dei profughi kosovari, spinti in massa verso i confini albanesi e macedoni. Iniziano anche a trapelare i primi resoconti di quanto accade all'interno della regione: le truppe serbe, soprattutto le unità paramilitari, esercitano senza freno la loro violenza e sembra che stia iniziando una vera e propria operazione di «pulizia etnica».

Quello che ha inizio è una duplice guerra parallela. Da un lato quella altamente tecnologica della Nato contro la Jugoslavia, quest'ultima praticamente inerte sul piano della difesa ed impossibilitata ad intercettare i voli ad alta quota dei caccia nonché a fermare i missili teleguidati. È un confronto tra la tecnica bellica Usa degli anni novanta e quella sovietica degli anni settanta. Dall'altro una guerra «primitiva» dove le truppe jugoslave conducono una battaglia contro le forze dell'Uçk e praticamente contro la popolazione albanese del Kosovo. Il 29 marzo l'Alto commissariato Onu per i profughi (Unhcr) rivela che è in corso una deportazione fuori dal Kosovo decisa direttamente dal governo di Belgrado.

Queste due guerre sono differenti anche geograficamente: piú le truppe jugoslave imperversano in Kosovo, piú la Nato reagisce intensificando i bombardamenti su tutto il territorio della Federazione. La Nato ha difficoltà ad intervenire contro questa «seconda» guerra, dal momento che non è in grado di contrastare operazioni sparse sul territorio, che hanno quasi l'aspetto di una guerriglia tra un villaggio e l'altro, senza agire con l'invio di truppe di terra. Ma proprio questa alternativa era stata categoricamente esclusa: trattandosi di una rappresaglia e non di una guerra per la difesa di interessi vitali, non è politicamente ammissibile correre il rischio di eccessive perdite umane tra le proprie fila.

La confusione che regna nella prima settimana di guerra è data dal fatto che si realizza quello che tutti avevano previsto: l'intervento aereo non fa altro che accelerare la violenza in Kosovo e spingere la popolazione serba ad appoggiare, almeno tacitamente, Milošević o ad ogni modo a coalizzarsi in blocco contro la Nato e contro l'occidente. Lo scopo dissuasivo, l'evitare che i kosovari vengano ulteriormente oppressi, perde progressivamente il suo senso, benché ancora per qualche giorno si ritenga che l'obiettivo principale dell'azione sia quello di costringere Milošević ad accettare le condizioni dettate a Rambouillet. Sotto la spinta dell'emergenza, da piú parti si fa insistente la richiesta che le operazioni militari non possano essere piú un atto di persuasione dimostrativa (attacchi ad infrastrutture militari, centri di munizione e di comunicazione), ma debbano essere un vero e proprio intervento di distruzione delle capacità militari dell'avversario (attacchi diretti alle truppe e ai convogli in movimento).

A partire dal primo giorno degli attacchi viene messa in mostra una particolare procedura escalativa, che i media diffondono come la strategia delle «fasi». Ogni fase costituisce un allargamento geografico dell'area degli obiettivi (prima il Kosovo e la Federazione sotto il 44° parallelo, poi *tutta* la Jugoslavia) e un allargamento del tipo di obiettivi. Nella prima settimana viene agitata la possibilità che fasi piú elevate possano considerare come obiettivi anche infrastrutture civili con possibile funzione militare: ponti, vie di comunicazione, centrali energetiche, fabbriche. La convinzione che la retorica delle «fasi» abbia successo si esaurisce dopo la prima settimana nella quale, a intervalli di uno o due giorni, la vite militare viene progressivamente stretta con la convinzione che si tratti di una questione di due settimane al massimo. Questo non accade, le fasi a disposizioni alla fine si esauriscono e a partire da aprile non vengono piú menzionate.

L'inflessibilità come forza e la diplomazia «trasversale»

La mancanza di spazi di manovra che si era mostrata a Rambouillet non fa che rafforzarsi con l'inizio della guerra e con l'avanzare della catastrofe umanitaria. Pochi giorni dopo l'inizio delle incursioni aeree vengono presentate le cinque condizioni con le quali una cessazione dei bombardamenti sarebbe stata possibile: 1) fine delle repressioni, 2) ritiro di tutte le truppe dal Kosovo, 3) accesso di una forza multinazionale Nato nella regione, 4) ritorno dei rifugiati, 5) implementazione politica dell'accordo di Rambouillet.

Su un punto in particolare sembra regnare totale chiusura: quello dell'ordine con cui un eventuale accordo andrebbe condotto. La Nato tiene fermo il principio per cui avrebbe interrotto i bombardamenti solo una volta che le truppe serbe si fossero ritirate. Belgrado insiste dicendo che non vi potrà essere alcun ritiro senza la cessazione dei bombardamenti. L'insistenza su questo punto non è solo una questione di caparbietà, ma ha un significato decisivo in relazione al punto dolente dell'intervento, ovvero la relazione tra inizio dei bombardamenti e inizio delle repressioni di massa. Le fonti ufficiali insistono nel rifiutare questa corrispondenza, negando non solo di aver *causato* la reazione, ma anche di averla sostanzialmente *amplificata*. Già nei primi giorni il portavoce Nato Shea bolla come «perverse» critiche di questo tipo (*briefing* del 28 marzo 1999). Sospendere i bombardamenti prima del ritiro delle truppe jugoslave avrebbe rafforzato l'impressione generale che il caos nella regione fosse effettivamente legato alla situazione di emergenza dovuta all'intervento Nato. Sospenderli solo *dopo* avrebbe invece ribaltato il rapporto causa-effetto. Una sottigliezza non da poco considerando la già difficile legittimazione presso l'opinione pubblica mondiale. Si sostenne che la Nato, in una evidente posizione di superiorità, avrebbe potuto concedersi anche un atteggiamento meno inflessibile. L'inflessibilità era piuttosto il segnale di una insicurezza (e quindi debolezza) di fondo.

Dopo un primo momento di sconcerto, accompagnato dalle crescenti proteste da parte della Russia, inizia una serie sistematica di tentativi diplomatici. «L'escalation» della diplomazia continuerà fino alla fine del conflitto armato. Spesso le iniziative sono sostenute dalla preoccupazione di «tenere a bordo» la Russia e di diradare l'eccessiva impressione di unilateralità dell'azione. Di fatto non si assiste ad una vera e propria modulazione tra atti di forza e concessioni diplomatiche, queste ultime sono piuttosto indipendenti dalle prime: da un lato la Nato prosegue con l'intensificazione dei bombardamenti (il 3 aprile per la prima volta dopo la seconda guerra mondiale viene colpito il centro di Belgrado e vengono distrutti il ministero degli Interni e la centrale di polizia) mantenendo la sua posizione non negoziabile, tra cui la precedenza del ritiro delle truppe serbe e il fatto che la forza da inviare in Kosovo debba essere esclusivamente sotto la regia dell'Alleanza. Dall'altro sia la protesta russa che l'insicurezza interna di alcuni governi europei (soprattutto l'Italia, che già nei primi giorni rischia una crisi di governo, e la Germania, diretta da una coalizione rosso-verde) spinge a mantenere attivi i canali diplomatici.

Il 14 aprile viene presentato il «Piano Fischer», sviluppato dal ministro degli Esteri tedesco. Contemporaneamente si assiste al ritorno sulla scena delle Nazioni Unite, con la disponibilità di Annan, dopo tre settimane di silenzio, di offrirsi come possibile mediatore, non proprio la figura piú benvoluta da parte statunitense. Il ministro Fischer propone la composizione di una forza internazionale, insieme alla Russia, sotto l'egida dell'Onu. Per la prima volta propone una pausa di 24 ore dei bombardamenti per favorire il ritiro delle forze jugoslave dal Kosovo. La Russia approva il piano tedesco. La Germania è particolarmente attenta ai rapporti con la Russia, accusata da quest'ultima di aver trasgredito, con la sua partecipazione agli attacchi, all'accordo «2+4» che sancí la riunificazione tedesca e dove ci si impegnava reciprocamente ad astenersi da azioni militari non difensive.

Nello stesso periodo un incontro tra il segretario di Stato Albright e il ministro degli Esteri russo Ivanov si conclude con un nulla di fatto. Le difficoltà diplomatiche portano Eltsin a nominare l'ex premier Viktor Chernomyrdin «incaricato straordinario per la Jugoslavia» e a cedergli l'iniziativa per ulteriori tentativi di mediazione.

La consapevolezza europea della necessità di una soluzione definitiva per i problemi dei Balcani viene espressa durante la riunione dei ministri delle Finanze dell'Ue riuniti a Dresda il 18 aprile. Viene lanciata l'idea di un «Piano Marshall» per la regione, anche in relazione ai crescenti danni economici e infrastrutturali subiti dalla Jugoslavia. Gli attacchi infatti hanno cominciato ad estendersi oltre il limite degli obiettivi strettamente militari:

anche le principali vie di collegamento vengono distrutte (ponti, autostrade), nel mirino finiscono industrie e fabbriche. Durante lo stesso 18 aprile viene colpita la raffineria a Novi Sad.

L'opinione pubblica, intellettuali e politici discutono non solo sulla legittimità di questa estensione degli obiettivi (in teoria, viene detto, *ogni* cosa può avere valore militare, anche l'aria da respirare), ma anche sul crescente numero di «danni collaterali» contro civili. Nonostante la posizione dei «pacifisti radicali» fosse stata criticata come utopica e cinica sin dall'inizio dell'intervento, con il passare del tempo aumentano le critiche in relazione all'efficacia della strategia in corso. Reazioni discordanti si hanno anche il 23 aprile, quando viene colpita la sede centrale della televisione a Belgrado e 16 dipendenti vengono uccisi. Tali reazioni tuttavia non hanno la possibilità di modificare gli eventi in moto.

Verso la fine di aprile le iniziative diplomatiche sembrano esser riuscite solo a mettere in luce i punti di discordia. Dopo alcuni incontri tra Chernomyrdin e Milošević, questi dichiara ancora una volta di accettare tutte le condizioni, ma non quelle di una presenza militare nella regione. Sono accettati solo dei contingenti di osservatori Onu, e solo in seguito ad un mandato del Consiglio di sicurezza. Con questo la prima fase diplomatica sembra chiudersi con un fallimento.

La duplice escalation militare e diplomatica

Durante l'incontro per i festeggiamenti del cinquantenario della Nato a Washington, tra il 23 e il 24 aprile, viene approvato il nuovo concetto strategico, che prevede per l'Alleanza eventuali interventi militari al di fuori dei confini degli Stati membri, senza considerare indispensabile il mandato Onu (v. cap. 8). Il caso del Kosovo viene dichiarato dunque come precedente, anche se durante l'incontro non c'è alcun motivo di trionfalismo. Queste dichiarazioni non fanno che aumentare la posta in gioco per l'Alleanza dal momento che trasformano l'«emergenza» in una «messa alla prova» e rendono irreversibile l'azione in corso: probabilmente anche un modo per richiamare alla compattezza le nazioni piú incerte. A questo punto il percorso sembra avere solo una direzione possibile, tanto che l'idea di un invio di truppe di terra, fin ora non presa veramente in considerazione, diventa un tema concreto di dibattito, in particolare sotto la pressione di Tony Blair, deciso sostenitore dell'uso della fanteria. Le decisioni che vengono prese sono comunque tutte all'insegna dell'intensificazione della forza: durante gli incontri a Washington viene per esempio deciso di attuare un blocco navale totale contro la Jugoslavia, un passo che aumenta notevolmente i rischi escalativi, dal momento che si dovrebbe attaccare qualsiasi nave (anche di paesi terzi) che avrebbe tentato di oltrepassare il blocco.

Contemporaneamente aumentano anche gli sforzi diplomatici. Il 2 maggio parlamentari russi e americani cercano di superare il problema del *timing* proponendo una «sincronizzazione» del ritiro delle truppe serbe e della cessazione dei bombardamenti. In piú si esprime la necessità di una cessazione delle attività militari dell'Uçk.

Il giorno successivo vengono liberati tre soldati americani che erano stati catturati poco dopo l'inizio della guerra dalle truppe jugoslave al confine con la Macedonia. Il rilascio avviene grazie alla mediazione del reverendo americano Jessie Jackson. Questo è il primo di una serie di segnali che preludono a tentativi di distensione da parte di Milošević. Due giorni dopo infatti anche Rugova viene lasciato libero di partire per l'estero.

Insieme a questi eventi, l'incontro del 4 maggio tra Chernomyrdin e Clinton viene salutato come un passo avanti. «Il nostro obiettivo non è una vittoria totale», afferma il presidente americano, cercando di smorzare i toni degli alleati piú radicali che non vedono altra soluzione che la «capitolazione» di Milošević e la resa senza condizioni.

Nello stesso periodo (6 maggio) un primo incontro dei ministri degli Esteri del G8 (le sette nazioni piú industrializzate piú la Russia) porta a sostenere il progetto per una forza di sicurezza internazionale per il Kosovo la cui composizione e azione sia ratificata dal Consiglio di sicurezza Onu.

Questa proposta sembra costituire una possibile soluzione, se non per spingere Milošević all'accordo (dal momento che non sembra ancora accettare una forza militare, anche Onu, sul terreno), almeno per strappare un consenso al Consiglio di sicurezza, il che significa convincere Russia e Cina a *non* esercitare il loro diritto di veto. Questo avrebbe dato legittimità a posteriori alla continuazione dell'intervento e isolato ulteriormente Belgrado. Avrebbe però anche significato una disconferma del principio dell'intervento senza mandato dell'Onu, in quanto quest'ultima avrebbe cosí ritrovato il suo ruolo centrale per la composizione del conflitto. Un problema ulteriore su cui non continua ad esserci consenso resta l'implementazione della forza di sicurezza in Kosovo.

Nel mezzo di queste discussioni, tra incertezza e speranza, accade l'imprevisto: il 9 maggio un missile colpisce l'edificio dell'ambasciata cinese a Belgrado uccidendo tre persone. Sia la Russia che la Cina condannano in modo severo l'accaduto. Diverse manifestazioni spontanee, ma in tono con la posizione del governo di Pechino, si costituiscono in Cina, accompagnate da accese proteste antiamericane. La posizione ufficiale infatti esprime forti dubbi sul fatto che il bombardamento possa essere stato un incidente, come invece insistono gli Usa, giustificandosi con il fatto che la Cia aveva usato delle carte geografiche poco aggiornate.

Questo evento sembra neutralizzare la speranza del piano del G8 di ottenere una soluzione con una risoluzione del Consiglio di sicurezza: la Cina infatti si sarebbe esentata a questo punto dall'esercitare il veto solo a condizioni molto piú restrittive.

Una settimana dopo (16 maggio) il Premier italiano D'Alema rilancia il piano cercando di risolvere la diatriba sull'implementazione. La sua proposta infatti prevede una cessazione dei bombardamenti *prima* di un eventuale ritiro delle truppe jugoslave (che era uno dei punti di maggiore discordia) se il Consiglio di sicurezza votasse per il piano. Il che significa: se Russia e soprattutto Cina non pongono il loro veto, allora si accetta di interrompere gli attacchi e di iniziare un cessate il fuoco di almeno due giorni. Questo in parte corrisponde alle richieste russe e cinesi. Se però dopo il cessate il fuoco non si vedranno segni di ritiro nella regione, allora si procederà con l'invio di truppe di terra. C'è chi parla di una proposta che segue il principio del «bastone e della carota», per la prima volta infatti si sostiene la possibilità di una interruzione degli attacchi senza una previa mossa di Belgrado e contemporaneamente la presa di un impegno vincolante ad usare truppe di terra. Forti sono i dubbi che *due* cose indesiderabili possano fare qualcosa di desiderabile: i «falchi» (ad esempio Blair) snobbano la proposta per il suo aspetto troppo conciliante, le «colombe» per il carattere troppo radicale di un passo irrevocabile verso l'intervento terrestre.

Il rifiuto sostanziale di questo piano porta a riprendere l'idea di un'azione «sincronizzata»: il 18 maggio Chernomyrdin discute con il viceministro degli Esteri Talbott e il presidente finlandese M. Ahtissaari, che nel frattempo era stato nominato dall'Ue come mediatore straordinario, per l'implementazione del piano del G8 in quattro fasi: contemporanea fine degli attacchi Nato, ritiro delle forze serbe ed entrata di una forza multinazionale e, in un secondo momento, rientro dei profughi.

Le trattative proseguono per una decina di giorni apparentemente senza seguito: Belgrado dichiara piú volte di accettare il modello del G8 ma senza effettuare passi concreti, la Nato resta ferma nel suo proposito di cessare i bombardamenti solo dopo l'inizio del ritiro dei militari serbi. I bombardamenti vengono intensificati fino ad un livello senza precedenti (piú di 800 missioni al giorno), il che eleva ad un livello quotidiano anche le uccisioni «collaterali» di civili, sia albanesi che serbi.

I piú decisi sostenitori dell'intervento di terra pongono praticamente un ultimatum anche agli sforzi diplomatici sostenendo che ormai rimangono solo poche settimane per decidere un invio di truppe: altrimenti, questo l'argomento, i profughi non avrebbero potuto rientrare prima dell'inverno e questo avrebbe provocato sofferenze ancora maggiori.

In questo contesto il 27 maggio si aggiunge un elemento ulteriore e senza precedenti: Milošević e altre quattro persone al vertice del potere politico e militare jugoslavo vengono accusati dal Tribunale dell'Aja per crimini di guerra. Contemporaneamente viene rilasciato un ordine di cattura[9]. Anche questo fatto solleva polemiche: accusando Milošević in questo momento delicato non lo si sarebbe spinto a rifiutare qualsiasi compromesso e a condurre la guerra fino alle estreme conseguenze?

Una conclusione

Milošević è celebre per le sue mosse inaspettate, anche per quelle «positive». Nei giorni in cui non si credeva piú che la diplomazia potesse ottenere qualcosa e si fosse convinti che servisse solo a calmare gli animi in Russia, e quando ormai sembrava si dovesse decidere per l'intervento di terra, egli accetta la soluzione proposta da Ahtissaari, in un incontro con quest'ultimo e con Chernomyrdin. È probabile che avesse sentito avvicinarsi un «punto di non ritorno» non solo per la minaccia delle truppe di terra, ma soprattutto per l'eventuale mantenimento futuro del suo potere interno.

Il 3 giugno viene comunicato ufficialmente che l'accordo di pace è stato approvato dal parlamento serbo. Nel testo ratificato si parla di uno «schieramento in Kosovo, sotto l'egida dell'Onu; di un'efficace presenza internazionale, civile e di sicurezza...», solo in un paragrafo successivo viene chiarito che ci sarà anche «la presenza di sicurezza internazionale, con una consistente partecipazione della Nato....» (*la Repubblica*, 3.6.99). Per la parte politica si menziona la «creazione di un'amministrazione provvisoria per il Kosovo, sulla quale deciderà il Consiglio di sicurezza dell'Onu e sotto la quale la popolazione

[9]   Si veda il testo dell'accusa alla pagina www.un.org/icty.

del Kosovo godrà di una sostanziale autonomia all'interno della Repubblica Federale di Jugoslavia», specificando però che «L'amministrazione provvisoria garantirà la transizione verso le istituzioni democratiche di autogoverno». Nel testo approvato viene ancora menzionato il testo di Rambouillet, eppure molto è cambiato e si cerca di evitare posizioni troppo esplicite[10]. La risoluzione Onu viene successivamente adottata con l'astensione della Cina.

Da parte della Nato la questione del destino politico del Kosovo va del tutto in secondo piano e rimandato al futuro. Anche il fatto che la missione in Kosovo venga battezzata da una risoluzione Onu diventa secondario rispetto al principio che il comando delle forze resterà in mano della Nato. Priorità ha la difficile implementazione militare che impiega alcuni giorni di trattative (anche se la Nato insiste nel sostenere che non c'è trattativa, ma solo l'impartizione di direttive) sempre sull'orlo della rottura, soprattutto per la questione della fascia di sicurezza (25 km per i dispositivi antiaerei e 5 km per le truppe) all'interno della Serbia a ridosso dei confini del Kosovo. I bombardamenti continuano fino all'ultimo, e il ritiro delle truppe jugoslave si svolge nell'arco di pochi giorni contemporaneamente all'arrivo delle forze occidentali.

Di fatto l'accordo viene interpretato come un cedimento di Milošević di fronte alla linea dura della Nato: la ratificazione dell'Onu infatti viene messa in secondo piano e la pianificazione militare della forza di sicurezza nella regione viene del tutto controllata dall'Alleanza. Resta tuttavia il ruolo ambiguo della Russia che richiede per sé una certa autonomia di comando, mentre a Bruxelles si esige un vertice Nato unico. Nell'incertezza di questa situazione il 12 giugno la Nato assiste ad una mossa di sorpresa da parte russa: nel breve intervallo tra la liberazione di Priština dalle truppe jugoslave e la sua occupazione da parte di militari inglesi, una brigata di poche centinaia

---

[10]   A. Tarquini (*la Repubblica*, 9.6.99, *L'accordo tra i Grandi apre la strada alla pace*): «È fatta [...]. Lo hanno fatto però accettando mille compromessi pur di salvare la loro intesa».

di soldati russi Sfor prende di fatto posizione nel capoluogo kossovaro, occupandone l'aeroporto. Questa mossa costituisce un fatto compiuto di cui l'Alleanza avrebbe poi dovuto tenere conto per la composizione della forza di sicurezza: dopo diversi giorni di discussione a proposito del fatto se assegnare o no un «settore» o una «zona» anche ai russi, si decide di integrare questi ultimi nelle diverse aree. La situazione resta aperta e non priva di tensioni nel luogo, dal momento che la popolazione albanese considera di fatto i militari russi come «nemici».

La fine dei bombardamenti, la divisione della regione in settori, il rapido ritorno dei profughi comunicano all'opinione pubblica l'impressione che i problemi legati al Kosovo siano stati per lo più «risolti» nella direzione voluta dalla Nato. Di fatto Milošević ottiene un accordo meno vincolante di quello di Rambouillet, non si fa più cenno a questioni simili a quelle dell'Annesso B, né all'idea di un referendum popolare da tenersi in tre anni. L'accordo è inoltre legato alla promessa di disarmo dell'Uçk (ma poi il termine diventa «smilitarizzazione»: essa può trasformarsi eventualmente in una forza di polizia), il cui ruolo resta ancora ambiguo: di fatto l'Esercito di liberazione finisce per detenere il potere di fatto e il sostegno popolare, inoltre viene sempre più visto dagli Usa come interlocutore politico nella regione. La «vittoria» della Nato sancisce in modo definitivo, agli occhi di molti osservatori, il fallimento della linea moderata di Rugova.

Oltre ai dubbi politici (ruolo dell'Uçk, futuro assetto) e militari (ruolo della Russia nella forza di sicurezza), resta incerto anche il destino della minoranza serba in Kosovo, ora passata nel ruolo dei perseguitati e difficilmente proteggibile dall'inevitabile sete di vendetta della popolazione albanese[11].

---

[11] A metà agosto 1999 si calcola che dei 210.000 Serbi in Kosovo, 180.000 siano già fuggiti. Questo rende paradossalmente il lavoro delle truppe «Kfor» sempre meno impegnativo, dato che non resta molto da proteggere. A Priština la popolazione serba si riduce a qualche centinaio, per lo più anziani. Aperta resta la questione di Mitrovica, «città divisa» tra albanesi e l'ultimo bastione dei Serbi.

Nei 79 giorni di guerra si calcola siano state condotte 32.000 azioni aeree. Da parte serba sono state denunciate oltre 1.000 vittime civili. Le stime sulle perdite tra i militari variano: la Nato sostiene in un primo momento che nel corso della guerra sono morti 5.000 soldati, ma successivamente la cifra viene corretta verso il basso. Un «danno collaterale» assai sottovalutato è la catastrofe ecologica causata sia dal bombardamento di industrie chimiche e raffinerie (proibito dalle norme di diritto internazionale umanitario), sia dall'uso da parte della Nato di proiettili anticarro all'uranio impoverito, sospettati di provocare gravi danni all'ambiente e alla salute umana. L'Alleanza atlantica non ha avuto vittime direttamente collegate alla guerra.

Il 16 maggio durante un'intervista a D'Alema in occasione della sua proposta di risoluzione, questi constatò che: «i veri rischi per noi sono ben altri. Se questa tragedia non si conclude con una pace stabile, bensí con una fragile tregua che sancisce la vittoria del piú forte, l'Italia sarà costretta a un'esposizione permanente in quell'area, uno sforzo ancora piú pesante di quello attuale che vede impegnati oltre 7.000 soldati italiani fra Albania ed ex-Jugoslavia, piú un grande numero di volontari e di funzionari civili. *Una soluzione fasulla e provvisoria ci inchioderebbe per anni nei Balcani schierandovi migliaia di soldati, con i costi e i pericoli conseguenti*».

Tenendo presente questa dichiarazione di allora bisogna chiedersi che cosa significhi una «soluzione» e a cosa si sia giunti di fatto. A questa constatazione si deve aggiungere la questione dello sviluppo futuro nel Kosovo, dell'intera regione ed infine la mutata situazione dei rapporti internazionali: sono elementi su cui è difficile dare una risposta definitiva (si veda il capitolo successivo), ma che rivelano che parlare di «vittoria» o di «successo» senza una prolungata riflessione critica significherebbe commettere, tra tutti quelli già commessi, un ulteriore passo falso.

12. La guerra e le sue conseguenze

Per comprendere le conseguenze dirette ed indirette dell'escalation del conflitto e della guerra, è necessario analizzare separatamente le *tre diverse dimensioni* che abbiamo già delineato nel corso del testo: lo specifico conflitto tra governo serbo e minoranza albanese, l'assetto dell'Europa sudorientale nel suo complesso e il significato della guerra per il sistema internazionale.

Le conseguenze della guerra sul conflitto tra governo serbo e minoranza albanese

Appare chiaro che la missione di *peacekeeping* Nato e l'amministrazione internazionale della provincia hanno davanti a sé un compito politico impervio. Con la sconfitta del governo serbo, la grande maggioranza della popolazione serba del Kosovo ha lasciato la provincia, andando ad aumentare il numero di rifugiati già presenti nella Serbia vera e propria.

L'intervento dei paesi Nato acuisce una questione apparentemente insolubile: si tratta dell'ultimo intervento in ordine di tempo (dopo il supporto militare e politico alla riconquista croata della Krajina, e la spartizione della Bosnia-Erzegovina) per contrastare il disegno strategico di una «grande Serbia», ma al contempo ha posto le basi per l'indipendenza del Kosovo (e in prospettiva forse per la creazione di una «grande Albania») che a parole tutti gli attori esterni coinvolti hanno sempre negato di voler avere.

A meno di profondi mutamenti politici in Serbia non sarà semplice, dopo quanto è accaduto tra marzo e giugno, mantenere il Kosovo all'interno della Federazione jugoslava. Non solo nel dispositivo di Rambouillet, ma ancora a maggio, in un'intervista, il presidente Clinton definiva uno status di ampia autonomia per il Kosovo come una possibile soluzione definitiva al conflitto.

Intanto però gli eventi sul terreno, ed in particolare le massicce violazioni dei diritti umani perpetrate contro i kosovari albanesi hanno reso irrealistica questa prospettiva. In pari tempo, la guerra del 1999 ha definitivamente sancito la centralità dell'Uçk nel movimento nazionale albanese.

La situazione paradossale in cui si trova l'occidente all'inizio del periodo di amministrazione internazionale dell'Onu trova le proprie radici nelle differenti percezioni della guerra del 1999: la Nato l'ha condotta come una moderna «guerra coercitiva», mirante ad influenzare le scelte politiche del governo di Milošević, ma *non* a mutare gli assetti geopolitici della regione; per gli albanesi del Kosovo si trattava invece di una guerra diversa, dove l'uso delle armi era legittimato non da un calcolo astratto, ma dall'obiettivo politico della liberazione nazionale. La guerra della Nato contro Milošević è stata sentita in Kosovo come la discesa in campo dell'occidente a fianco dell'Uçk.

Cosí l'occidente si trova di fronte ad un dilemma: voltare le spalle alla popolazione che ha protetto e alla forza accanto alla quale ha combattuto, o rimettere in discussione un pilastro fondamentale della propria politica in Europa sudorientale. Undici settimane di bombardamenti hanno mandato via i serbi e fatto entrare le truppe della Nato, ma non hanno per questo colmato il vuoto strategico. I massacri avvenuti tra il 24 marzo e il 9 giugno hanno reso impensabile per la comunità albanese la prospettiva di rimanere parte della Jugoslavia. Ma la «comunità internazionale» non è ancora disposta a riconoscere la necessità dell'indipendenza del Kosovo.

Il Kosovo è l'ultima tappa della lunga stagione politica di Slobodan Milošević, contrassegnata dal ricorso e dal sostegno alla guerra da un lato, dall'abbandono delle popolazioni di nazionalità serba al proprio destino dall'altro. Con la fine della guerra, il Kosovo sembra diventare una ulteriore entità parastatuale sotto il dominio di un singolo gruppo etnico.

La pace imposta dalla Nato non può però essere paragonata, nei suoi effetti sulle parti, all'accordo di Dayton. Per una buona parte della popolazione civile bosniaca, la fine negoziata della guerra ha avuto il significato di «voltare pagina» dopo gli anni bui del conflitto armato e della persecuzione su base etnica. Lo stesso non si può dire per la pacificazione del Kosovo.

Nel breve periodo, piú che a una de-escalation, gli eventi del giugno 1999 sembrano portare ad un «congelamento» del conflitto ad un altissimo livello di mutua ostilità, in cui la presenza di forze armate esterne rende piú difficile – ma non impossibile – l'espressione in forma di azioni violente.

Nel medio periodo, però, il Kosovo diventerà con tutta probabilità indipendente. Quella che rimane aperta è la forma che prenderà tale indipendenza. La creazione di una «grande Albania» sembra piuttosto improbabile, poiché l'Albania stessa non appare molto attraente, vista da Priština: in pratica il paese non si è ancora riavuto dal collasso del 1997.

Il Kosovo potrebbe diventare un paese indipendente e demilitarizzato, come volevano Rugova e la Ldk fin dall'inizio degli anni novanta. Un Kosovo sovrano e multietnico potrebbe in teoria diventare un fattore di stabilità per la regione, anche se questa prospettiva appare oggi ancora improbabile: in fondo, pochi avrebbero predetto che la vicina Macedonia, pomo della discordia durante le guerre balcaniche di inizio secolo, sarebbe rimasta immune dalla guerra per tutti gli anni novanta riuscendo addirittura a migliorare le relazioni storicamente difficili con i propri vicini, Bulgaria e Grecia.

L'espulsione dei serbi dal Kosovo – dopo le migrazioni forzate dalla Krajina e da parte della Bosnia – consolida il senso di «vittimizzazione» dei serbi che da oltre un decennio costituisce uno dei punti di forza del discorso nazionalista. Le regioni perdute del Kosovo e della Krajina si candidano quindi a diventare i simboli del nazionalismo revanscista serbo nel prossimo secolo. La differenza è costituita dal diverso status dei due territori. La Krajina fa parte della Croazia, stato attivamente sostenuto dall'occidente, anche dal punto di vista militare. Lo status del Kosovo è invece oggi quello di un protettorato internazionale senza un chiaro futuro. In una visione delle relazioni tra i popoli basata sull'equilibrio di potenza, per fermare le tentazioni revansciste da parte serba sarebbe necessario non solo garantire l'indipendenza del Kosovo, ma anche rendere l'ex provincia della Serbia capace di difendersi da un eventuale attacco militare serbo.

Ciò significherebbe però accelerare la corsa al riarmo già evidente nell'Europa sudorientale, e porre le condizioni per una minaccia all'integrità della Macedonia. Al momento attuale questa è una prospettiva che nessun paese dichiara di volere, ma non sono pochi i motivi per credere che la situazione evolverà in questo senso.

Le conseguenze della guerra a livello regionale

La situazione di estrema tensione in altre regioni della federazione jugoslava non è finora sfociata in un'escalation violenta. In particolare in Montenegro, le parti – governo della Repubblica contrario alla guerra da una parte, forze armate fedeli a Belgrado dall'altra – hanno evitato uno scontro aperto.

Nei dodici anni in cui ha dominato la scena politica serba, Milošević ha scelto in diverse occasioni la strada dell'escalation e della guerra per consolidare il potere o per difendersi da una crisi; in altri momenti (in particolare tra il 1996 e il 1998) ha preferito puntare su un ruolo di «pacificatore» per ottenere sostegno (e risorse) da parte dell'occidente.

La guerra della Nato e la perdita del Kosovo hanno prodotto effetti dirompenti sulla Federazione jugoslava.

Da un lato la sconfitta militare ha esacerbato gli animi, provocando una serie di manifestazioni in tutto il paese, che sembrano essere il sintomo di una grave crisi di consenso del regime.

L'azione militare dell'occidente ha avuto però anche un'altra conseguenza, i cui effetti a lungo termine sono difficilmente calcolabili. L'opposizione democratica serba negli scorsi dieci anni ha visto nei valori dell'occidente – democrazia, tolleranza, diritti umani, stato di diritto – un modello da seguire e da applicare alla propria società: la guerra della Nato ha leso l'autorità morale dell'occidente all'interno della società serba. La guerra non ha portato una repressione violenta dell'opposizione all'interno della Serbia, se si eccettuano casi isolati (come l'uccisione del giornalista Slavko Čuruvija): gli spazi di espressione, tuttavia, si sono notevolmente ristretti.

Non è da escludere che, a breve termine, il regime di Milošević decida di provocare un altro scontro militare all'interno della Federazione jugoslava. In questo senso, il candidato piú probabile sarebbe la Repubblica del Montenegro, partner minore della Serbia nella Federazione. Il presidente Milo Djukanović è un fiero avversario politico di Milošević. Già nel 1998 la dirigenza montenegrina ha sfiduciato le istituzioni federali, segnalando decisamente la volontà di una maggiore indipendenza dalla Serbia. Durante la guerra del 1999, poi, il Montenegro ha dichiarato la propria neutralità (anche se la Nato non gli ha risparmiato per questo una «dose» di bombardamenti). Sul finire della guerra, Djukanović ha dichiarato che il Montenegro avrebbe potuto decidere la secessione. Il rischio di una nuova escalation continua ad essere presente: alla metà di giugno il generale Wesley Clark ha avvertito la dirigenza serba che la Nato non sarebbe stata a guardare nel caso in cui l'esercito federale avesse cercato di estromettere dal potere Djukanović. Se la situazione in Montenegro dovesse peggiorare, l'Alleanza atlantica sarebbe «automaticamente» chiamata in causa, anche se finora nessun organo politico all'interno della stessa ha mai discusso seriamente questa opzione.

Non è da escludere che la piccola repubblica adriatica imbocchi la strada della separazione da Belgrado, con o senza il consenso dei serbi, magari proprio confidando in un intervento occidentale, in una variazione sul tema del Kosovo. La Serbia si ritroverebbe senza piú un accesso garantito al mare Adriatico.

La Macedonia, che durante la guerra pareva il candidato piú prossimo alla destabilizzazione nell'area, sembra anch'essa avere scampato il pericolo. Il futuro politico del Kosovo avrà però certamente ripercussioni sul piccolo Stato balcanico.

La storia della Macedonia negli anni novanta è stata quella di un (relativo) successo. Durante la dissoluzione della Jugoslavia socialista, la piccola Repubblica è riuscita ad evitare la guerra. Negli anni successivi, la situazione politica interna è rimasta relativamente stabile, e le relazioni tra la maggioranza macedone e le minoranze – in particolare quella albanese – sebbene conflittuali, non hanno mai raggiunto un livello di tensione pericoloso. La presenza della missione Unpredep, la prima operazione preventiva nella storia delle Nazioni Unite, ha contribuito in maniera rilevante alla stabilizzazione e al dialogo tra i diversi partiti e gruppi etnici. Nel campo della politica estera, la Macedonia è riuscita a disinnescare il potenziale di conflitto con i suoi tre vicini. La Bulgaria, che si considerava storicamente la «madrepatria» dei macedoni, ha riconosciuto da subito l'indipendenza della Macedonia; nel 1999 i due Stati hanno anche appianato una controversia simbolica sulla lingua che li aveva divisi: da quest'anno la Bulgaria ammette l'esistenza di una lingua macedone separata. Anche le relazioni con la Serbia sono migliorate, con il riconoscimento dello Stato macedone nella primavera del 1996. Infine, nell'autunno dello stesso anno c'è stato un primo avvicinamento con la Grecia, che contro la piccola repubblica aveva condotto una «guerra dei simboli», ad esempio pretendendo e ottenendo che lo Stato venisse internazionalmente riconosciuto con il nome di «Ex Repubblica Jugoslava di Macedonia».

La situazione in Macedonia e quella in Kosovo sono strettamente collegate. Nel caso della realizzazione di un Kosovo indipendente, la nuova situazione oltre frontiera potrebbe avere l'effetto di polarizzare la politica macedone sulle linee etniche ed invogliare gli albanesi di Macedonia a staccarsi dallo Stato. Questo però significherebbe riaprire la «questione macedone» nel XXI secolo.

Un discorso simile vale per la Bosnia-Erzegovina. La precaria architettura politica realizzata con gli accordi di Dayton sembra aver retto anche a questa prova, superate le prime settimane di guerra in cui nella Repubblica serba la tensione era salita alle stelle. Non è da sottovalutare, tuttavia, il pericolo che la riscrittura delle carte geografiche della regione, nel caso in cui il Kosovo dovesse conseguire l'indipendenza, riapra la questione di una eventuale unificazione della Repubblica serba con la Federazione jugoslava da un lato, e dell'Erzegovina croata con la Croazia dall'altro.

Nella fase iniziale dell'amministrazione transitoria sotto egida Onu, la situazione del Kosovo si può riassumere nella formula seguente: quello che gli albanesi del Kosovo vogliono (l'indipendenza completa da Belgrado) si scontra con il pericolo del crollo del precario equilibrio etnico-statuale raggiunto nell'Europa sudorientale. Poiché nessun paese vuole neppure lontanamente una messa in discussione dei confini, la situazione esterna non dovrebbe modificarsi nei prossimi anni, e gli albanesi troverebbero una ferma opposizione al loro desiderio in tutta la «comunità internazionale». La soluzione piú probabile sembra essere la costituzione in Kosovo di un'altra entità parastatuale, come la Republika Srpska in Bosnia, sotto la sovranità formale della Jugoslavia.

Allo stesso modo che in Bosnia bisognerà mettere in conto una presenza militare straniera per molti anni a venire, per garantire che una delle parti (verosimilmente la Serbia) non ricorra nuovamente alle armi per modificare la situazione a proprio favore, e nell'ipotesi migliore per garantire il ritorno dei serbi fuggiti dopo la fine della guerra. La presenza delle truppe di *peacekeeping* è il segno piú inequivocabile che la situazione di pace non è sostenibile, ovvero non può reggersi sulle sole forze interne al sistema. Nell'estate del 1999 i serbi rimasti in Kosovo sono stati esposti a una violenza sistematica. Questa situazione sottolinea la difficoltà di voler preservare dall'esterno una composizione multietnica della provincia: potenzialmente ogni serbo è un obiettivo degli estremisti albanesi.

Europa sudorientale ed Unione europea

È chiaro che il problema di una pace stabile in Kosovo, cosí come nelle altre zone di conflitto della ex Jugoslavia, è indissolubilmente legato all'assetto complessivo della regione.

All'inizio degli anni novanta la diplomazia internazionale aveva scelto questo approccio, con la Conferenza internazionale sull'ex Jugoslavia. Nel corso del 1991, però, non si riuscí a terminare la guerra in Croazia con una soluzione negoziata. Da allora i tentativi di soluzione diplomatica hanno seguito un approccio del «caso per caso». Anche per questo a Dayton il Kosovo non fu materia di discussione, e proprio questa mancanza ha favorito l'emergere della guerriglia armata tra gli albanesi del Kosovo.

Oggi per fortuna sembra farsi strada il riconoscimento che soltanto una prospettiva regionale può portare una pace stabile per tutti i paesi della regione.

In questa direzione va il «Patto di stabilità per l'Europa sudorientale» proposto dal ministro degli Esteri tedesco Fischer nell'aprile del 1999, e adottato a Colonia a giugno. Si tratta del primo tentativo di avviare un processo politico, economico e sociale comprensivo nella regione dopo la dissoluzione della Jugoslavia socialista.

Il «Patto di stabilità» si pone l'obiettivo di incoraggiare la cooperazione all'interno della regione balcanica, in modo da prevenire e terminare tensioni e crisi nell'area, incoraggiare processi politici democratici, creare tra i diversi paesi relazioni di buon vicinato, preservare il carattere multietnico degli Stati e proteggere le minoranze, incoraggiare la cooperazione economica nella regione e tra la regione e il resto del mondo, assicurare il ritorno dei rifugiati nei luoghi di origine in condizioni di sicurezza.

Il Patto di stabilità prevede l'istituzione di un «Tavolo regionale per l'Europa sudorientale», e tre «Tavoli di lavoro», sui seguenti temi: democratizzazione e diritti umani; ricostruzione economica, sviluppo e cooperazione; questioni riguardanti la sicurezza.

Tra le tematiche di maggiore importanza per la regione affrontate dal Patto di stabilità vanno annoverate il ritorno dei rifugiati, lo sviluppo di strutture democratiche, inclusi media liberi ed indipendenti; la cooperazione nel campo delle infrastrutture, del trasporto transfrontaliero e la creazione di zone di libero scambio. Un aspetto preoccupante della discussione politica sulla gestione del «dopoguerra» è l'esclusione totale della Rfj dal flusso di aiuti.

Il «Patto di stabilità» è stato promosso dall'Unione Europea ed è posto sotto gli auspici dell'Osce. Non si tratta né di un trattato, né di una vera organizzazione internazionale: esso appare piuttosto come l'inizio di un possibile processo di dialogo e cooperazione regionale, che potrebbe nel futuro acquistare maggiore importanza e incentivare comportamenti cooperativi degli Stati interessati. In altre parole, i risultati del Patto potranno essere giudicati solo nel medio periodo, e dipenderanno in misura notevole dal grado di investimento politico che gli Stati Uniti, l'Europa e in primo luogo i paesi della regione saranno disposti a effettuare. In questo senso il Patto di stabilità ricorda il processo di Helsinki, con la creazione della Conferenza per la sicurezza e la cooperazione in Europa, che ha giocato un ruolo importante nel superamento della Guerra fredda.

L'Unione europea è per molti aspetti una organizzazione internazionale *esclusiva*, e lo diventa sempre piú a mano a mano che essa assume i caratteri di una confederazione di Stati. Essa è infatti un'unione di Stati caratterizzati da un forte grado di omogeneità sociale ed economica. In particolare i meccanismi redistributivi, nelle aree delle politiche agricole e degli aiuti allo sviluppo delle aree periferiche, non sono in grado di reggere un aumento indeterminato di Stati membri con una capacità economica assai piú bassa della media dei Quindici: molti Stati dell'Europa sudorientale dovranno perciò attendere decenni prima di avvicinarsi ai criteri economici e sociali stabiliti per l'ingresso. L'Unione europea non può diventare un'organizzazione internazionale inclusiva, quindi aprire improvvisamente le porte a tutti, senza mutare radicalmente la propria natura.

Una filosofia mirata all'estensione dell'Ue sposta in definitiva solo un po' piú in là il confine tra Europa del benessere ed Europa degli esclusi «in fila per entrare». Se guardiamo all'Europa sudorientale, la lista di attesa per entrare nell'Unione vede davanti a tutti la Slovenia e l'Ungheria; piú indietro la Croazia; ad un livello inferiore la Bulgaria, la Romania e la Macedonia; Bosnia, Repubblica federale jugoslava e Albania rientrano nella categoria degli Stati per i quali un ingresso nell'Ue oggi risulta semplicemente impensabile. Applicata all'area balcanica, la filosofia dell'(indefinito) allargamento dell'Unione produce dunque una divisione rigida in alunni modello, candidati mediocri e «ultimi della classe», prospettiva che però non contribuisce alla stabilizzazione e allo sviluppo integrato della regione.

L'unica alternativa di azione aperta all'Unione europea è l'abbandono dell'espansione pura e semplice, e la formulazione di un'architettura complessa basata su un «partenariato regionale», che abbia forza e credibilità sufficiente a mettere in moto processi di integrazione politica tra gli Stati dell'Europa sudorientale. In questa prospettiva, nell'Europa sudorientale gli Stati successori della Jugoslavia socialista, insieme magari ad Albania e Bulgaria, potrebbero essere incoraggiati a perseguire strategie di sviluppo di mutuo beneficio, ad esempio con la creazione di uno spazio economico comune nella forma di un'unione doganale, e di incentivi al commercio orizzontale.

Questo è proprio lo spirito che sembra stare dietro al Patto di stabilità per l'Europa sudorientale. L'Unione europea avrebbe il compito di incoraggiare le forme di cooperazione tra gli Stati con incentivi economici e con la progettazione di grandi opere infrastrutturali comuni (ad esempio nel campo dei trasporti, dell'energia, o nella ristrutturazione dell'industria pesante). In questo modo la disparità di sviluppo tra est ed ovest del Continente non si risolverebbe in una pura e semplice colonizzazione da parte delle industrie e del capitale privato occidentale, ma nel rafforzamento graduale delle economie oggi piú deboli in un'ottica di partenariato.

Le conseguenze della guerra a livello globale

Arriviamo cosí alla terza prospettiva, quella degli effetti della guerra sul sistema internazionale nel suo complesso e sui suoi attori piú importanti.

Tra le organizzazioni internazionali, è senz'altro l'Alleanza atlantica a caratterizzare la guerra per il Kosovo del 1999 e ad essere influenzata dal suo esito (cap. 8). La strategia della minaccia adottata dai paesi occidentali a partire dalla metà del 1998 non ha avuto successo. L'idea che in futuro gli Stati Uniti o l'alleanza militare dell'occidente possano intervenire come fattore regolante dei conflitti semplicemente mostrando i muscoli si è rivelata errata. Proprio questo errore ha permesso alla Nato di conseguire una vittoria di Pirro, grazie alla propria incontrastata supremazia aerea e al fatto che, al piú tardi a partire dalla seconda settimana di guerra, fosse in gioco la credibilità stessa dell'Alleanza. Posti di fronte all'alternativa tra la guerra contro la Jugoslavia e una profonda crisi della Nato, tutti i governi occidentali si sono ritrovati a difendere nei fatti l'Alleanza. In diversi paesi la posizione del governo ha incontrato un'opposizione piú o meno forte od articolata nell'opinione pubblica: come dimostra la Grecia, di fronte alle necessità del momento non è valsa né l'opposizione militante né la vastità del sentimento pro-serbo a mettere in discussione la «ragione di alleanza».

L'Unione europea

La guerra per il Kosovo è stata voluta principalmente da alcuni settori dell'amministrazione statunitense; a pagarne i costi in termini di instabilità e di insicurezza, oltre che a saldare il conto della ricostruzione, sono invece gli Stati europei.

I partner europei dell'Alleanza – in particolare l'Europa continentale e gli Stati che non hanno avuto nei confronti della Serbia un atteggiamento ostile negli anni passati (Italia, Grecia) – hanno quindi tratto dalla guerra per il Kosovo la lezione che un'»identità europea» di sicurezza all'interno dell'Alleanza atlantica sia piú che mai necessaria.

Queste circostanze hanno senza dubbio favorito la rapida nomina dell'incaricato dell'Unione per la politica estera e di sicurezza comune. Nel vertice dei capi di Stato e di governo dell'Ue a Colonia, il 3 e 4 giugno, è stato quindi nominato a tale nuova carica l'attuale Segretario dell'Alleanza atlantica, Javier Solana. Questa nomina riveste un significato simbolico piuttosto chiaro: in primo piano, nel periodo di «costruzione» di una politica comune negli affari esteri e nella sicurezza, l'accento viene posto su quest'ultima. Inoltre, colui che ha ricoperto fino ad ora la carica politica piú alta nella Nato fornisce una buona garanzia di «continuità euroatlantica».

La scelta di Solana, tuttavia, non deve necessariamente segnare il predominio definitivo dell'aspetto militare sull'aspetto di politica estera della Pesc. Spetterà alle istituzioni europee e ai paesi membri elaborare proposte e fare pressione affinché la politica dell'Europa sviluppi appieno il potenziale che possiede di intervento civile nei conflitti, di azione umanitaria e cooperazione allo sviluppo orientate alla prevenzione, di concertazione delle politiche dei singoli Stati in situazioni di pre crisi e di crisi. Gli eventi del 1996-97– quando l'Unione non è riuscita a formulare una politica comune incisiva nei confronti della Rfj sul problema del Kosovo (v. cap. 5) – dovranno essere tenuti ben presenti per evitare errori simili in futuro.

I limiti dell'«unilateralismo collettivo» mostrati dalla strategia della Nato nel Kosovo dovrebbero anch'essi rappresentare un monito per l'Unione europea: i Quindici faranno bene a non sottovalutare l'importanza politica di una organizzazione inclusiva come l'Osce, e lo stretto coinvolgimento della Russia nella prevenzione e gestione dei conflitti nel futuro.

In alternativa alla centralità della politica di sicurezza militare, l'Unione potrebbe adottare un'impostazione della Pesc maggiormente orientata verso il «modello Osce» di segnalazione tempestiva, prevenzione e gestione diplomatica dei conflitti, ed in generale porre un accento particolare sugli strumenti «civili» di azione nei rapporti con Stati terzi.

Stati Uniti, Russia e Cina

Dal punto di vista degli Stati Uniti la guerra del Kosovo nel 1999 può essere vista come la vittoria di un'ala interventista all'interno dell'amministrazione (rappresentata dal segretario di Stato) nei confronti di un'ala piú moderata. A breve termine, l'effetto piú importante degli eventi del 1999 è stato il coinvolgimento della Nato in un'operazione di guerra coercitiva, e (con il *Concept paper* dell'aprile 1999) il definitivo affrancamento militare dell'Alleanza dalla sua natura in origine solo difensiva.

I costi dell'operazione sono stati enormi: non solo in termini umanitari, con la deportazione dei kosovari albanesi, ed economici (i costi complessivi della guerra sono stati stimati ad aprile dall'Università della Bundeswehr tedesca in oltre 100.000 miliardi di lire). Il costo politico della guerra del Kosovo è stato assai alto, in particolare nel rapporto tra con la Russia e con la Cina.

In entrambi i paesi la guerra ha causato una forte ondata di antiamericanismo nell'opinione pubblica, rafforzando le tendenze antioccidentali già presenti in politica. La Russia esce da una grave crisi economica, scoppiata nell'agosto del 1988, e non ha oggi una vera capacità di azione sul piano internazionale; politici e opinione pubblica sono quasi completamente assorbiti dagli eventi della politica interna. A partire dalla metà del 1998, l'occidente ha puntato in maniera sempre più chiara ad una gestione in proprio del conflitto, escludendo sia il Consiglio di sicurezza che più tardi il Gruppo di contatto. L'avvio della guerra tra la Nato e la Rfj è stato condannato non solo da nazionalisti e comunisti, ma anche dal primo ministro Primakov e dal governo. La reazione negativa dell'opinione pubblica e dei politici si è diretta principalmente contro gli Stati Uniti, accusati di voler diventare la potenza egemone incontrastata nel mondo; non poche voci hanno sostenuto che «oggi tocca alla Serbia, domani a noi», paventando in futuro interventi militari nella Russia multietnica.

Le scelte politiche concrete del governo di Mosca sono state improntate alla collaborazione con l'occidente alla ricerca di una soluzione negoziata. Durante le undici settimane di guerra, si è assistito a uno spettacolo interessante: dapprima l'occidente ha creduto di poter fare tutto da solo; a un certo momento gli Stati Uniti, l'Ue e la Nato hanno accolto con favore l'entrata in campo del mediatore russo Chernomyrdin. Il ritorno della Russia nel processo di ricerca di una soluzione, però, ha significato anche l'abbandono dell'approccio unilaterale da parte occidentale. Le «cinque condizioni» proclamate dalla Nato all'inizio dei bombardamenti sono state relativizzate nel piano dei G8, e la Russia ha strappato una sua partecipazione alla missione di *peacekeeping* in Kosovo. Agli inizi di giugno l'accordo è stato accettato anche da Milošević, e ha portato alla conclusione della guerra. Paradossalmente è stata una fortuna che la Russia non sia una paese ancora del tutto democratico: se il governo avesse dovuto ascoltare la volontà popolare, non avrebbe potuto insistere troppo nella sua strategia diplomatica ad oltranza.

La Russia ha accettato di svolgere un ruolo cooperativo durante la guerra del Kosovo anche in vista di un trattamento più favorevole da parte delle istituzioni finanziarie internazionali: anche questo è un costo della guerra.

L'escalation e la guerra del Kosovo potranno pesare in futuro sulle relazioni dell'occidente con la Russia. Si tratta di un costo molto alto, anche perché relazioni amichevoli con l'ex superpotenza vengono ritenute da dieci anni di importanza cruciale per la sicurezza dei paesi Nato: si pensi soltanto al pericolo di proliferazione dovuto ai controlli inadeguati sulle armi nucleari e sul materiale fissile posseduti dall'esercito russo.

Le relazioni degli Stati Uniti con la Cina sono state fortemente danneggiate dal bombardamento dell'ambasciata cinese a Belgrado il 9 maggio. I missili statunitensi hanno provocato manifestazioni di massa e rafforzato la posizione dei «falchi». I cinesi non credono alla tesi dell'errore sostenuta dalla Nato, o meglio vogliono mostrare di non crederci; gli statunitensi non capiscono il motivo dei sospetti di Pechino: «Si fronteggiano due sospetti, due teorie del complotto» (Sisci 1999, p. 178). Di certo Pechino ritiene di avere un conto aperto con gli statunitensi.

Ci sarà bisogno di gesti concreti da parte di Washington per migliorare le relazioni con la Cina: potrà trattarsi del via libera all'ammissione nel Wto, oppure di un risarcimento simbolico consistente nella punizione di chi ha commesso l'errore del bombardamento dell'ambasciata.

Il messaggio della guerra del Kosovo

Con l'entrata in guerra della Nato non si è realizzata soltanto una seria crisi di credibilità delle Nazioni Unite; sul piano globale c'è un altro aspetto a medio termine dell'intervento militare occidentale la cui portata oggi non è esattamente prevedibile.

In sostanza, diversi Stati nel mondo devono ora chiedersi se in futuro potranno ritrovarsi nel mirino di un «intervento umanitario»: in fondo i criteri per rientrare nel novero degli «Stati mascalzoni» sono abbastanza flessibili, e non sono pochi gli Stati responsabili di gravi violazioni dei diritti umani, certamente comparabili, se non piú gravi di quelle avvenute nel Kosovo durante il 1998 e agli inizi del 1999. La guerra del Kosovo rischia di mettere in moto un *dilemma della sicurezza diffuso*, inducendo per esempio molti Stati a procurarsi armi non convenzionali. Il fatto di possedere un'atomica può essere visto come una efficace garanzia di sicurezza contro eventuali «ingerenze umanitarie».

Piú preoccupante, a nostro avviso, è quello che potremmo chiamare l'«effetto Uçk»: in futuro i movimenti guerriglieri potrebbero scegliere la strada delle «provocazioni calcolate» allo scopo di scatenare un processo di escalation. Se la controparte agirà in maniera sufficientemente brutale, l'«esercito di liberazione» di turno potrà aspettarsi un intervento occidentale in nome dell'imperativo umanitario.

Naturalmente vanno considerati anche altri termini dell'equazione: se lo stato avversario è un «mascalzone» o un alleato delle democrazie occidentali (come la Turchia, in relazione alla questione dei curdi); se c'è un «effetto Cnn», o se il conflitto viene ignorato dai mass media globali; e se ci sono «interessi vitali» dell'occidente collegati in qualche modo al conflitto. Anche se non è possibile fare previsioni sul futuro, l'ipotesi che altri attori in situazioni di conflitto punteranno su un intervento militare occidentale – anche senza mandato Onu – non è da scartare. In un certo senso il prossimo candidato su questo terreno già esiste, ed è il Montenegro. Il presidente Djukanović potrebbe ritenere conveniente un'escalation del conflitto con Belgrado, nella speranza di un pronto intervento della Nato e dell'indipendenza della piccola Repubblica con il sostegno anche economico dell'occidente.

13. Bilancio dell'escalation

Avremmo potuto saperlo, se solo avessimo *voluto* saperlo.

August Pradetto, professore di politica internazionale alla università della Bundeswehr di Amburgo

Lo sviluppo degli eventi descritti nei capitoli precedenti mette in chiara mostra un aspetto caratteristico del processo di escalation. Prima di giungere ad una situazione in cui si è proclamata l'impossibilità di intraprendere altre iniziative, come nel caso dell'intervento militare della Nato, sembra esservi stato un percorso quasi «fatale» dove gli eventi si sono susseguiti uno dopo l'altro sotto la spinta del comportamento criminale del regime di Belgrado. Alla fine l'intervento militare è stato visto come un automatismo necessario, che nessuno ha voluto, ma che si è stati costretti a mettere in azione. L'analisi del graduale processo di escalation è servita in primo luogo per sfatare questa pericolosa convinzione che contribuisce alla deresponsabilizzazione non solo dei propri atti nel passato, ma anche dell'uso della forza militare. La colpa di ogni dolore, danno collaterale e distruzione, si dice pubblicamente, non è da attribuire alla Nato e ai paesi occidentali, ma è solo esclusiva responsabilità di Milošević. Dimenticando cosí i differenti passi falsi e occasioni mancate che si è cercato di mettere in luce.

Questa convinzione si appoggia appunto sull'idea che non vi siano mai state reali alternative di fronte all'inflessibilità del governo di Belgrado. La descrizione dell'intera dinamica escalativa mostra che invece di trattarsi di una sequenza di eventi che si susseguono in modo inevitabile, è stato piuttosto il progressivo restringimento di opzioni dovuto ad una serie di errori ed occasioni mancate non solo da parte dei protagonisti diretti, ma anche della «comunità internazionale»: una progressiva ed inesorabile serie di «chiusure» delle possibili vie per una risoluzione non violenta del conflitto.

In generale questo processo di restrizione degli spazi di manovra può essere spiegato con il linguaggio della «teoria dei giochi«: si tratta del passaggio da una situazione di gioco a «somma mista», dove cioè i contendenti pur essendo in rivalità hanno molte aree di interesse comune e quindi possono cercare di giungere ad un compromesso soddisfacente per entrambi, via via fino a un gioco a «somma zero», ovvero dove il danno di uno corrisponde al vantaggio dell'altro e viceversa. A «somma zero» era ormai il conflitto negli anni a partire dalla nascita di una resistenza armata in Kosovo, e dal fallimento dei tentativi di compromesso tra Rugova e Milošević: la situazione nella regione era ormai tale per cui ciò che era buono per i serbi, era cattivo per gli albanesi e viceversa.

Il passaggio ulteriore costituito dall'intervento Nato costituisce una situazione peggiore: la guerra si stava sviluppando per l'Alleanza in uno scontro da vincere a tutti i costi per non perdere la faccia; Milošević, con le spalle al muro, sembrava essere disposto ad accettare sempre maggiori distruzioni pur di dimostrare la sua inflessibilità. La caparbietà tende a non considerare piú i costi e il gioco diventa a «somma negativa», ovvero il conflitto vede solo perdite da entrambe le parti e nessun vincitore reale. È una fase in cui l'imporsi diventa una questione di principio e non segue piú considerazioni dettate dai costi e dagli effetti delle proprie azioni.

La sindrome di Monaco

Negli studi sulla strategia che fanno uso della terminologia della teoria dei giochi, ci sono due modelli generali di interazione strategica che vengono usati con frequenza per descrivere conflitti che avrebbero potuto condurre, o hanno effettivamente condotto, ad una guerra. Il primo è denominato «pollo» (*chicken*) e il secondo invece «bullo» (*bully*): il pollo descrive una situazione in cui ognuno degli attori in conflitto tiene duro (rimanendo fermo nelle proprie posizioni e/o rivendicazioni) in attesa che l'altro ceda, ma nessuno è veramente disposto a giungere alle conseguenze estreme di questo atteggiamento[12]. Nel caso del bullo, invece, un attore prevale perché non ha timore di giungere alle conseguenze estreme, per cui non può essere esercitata alcuna forma di deterrenza nei suoi confronti: anzi, il bullo cerca lo scontro. Nel momento in cui la controparte teme questa situazione, il «bullo» avrà solo interesse ad estremizzare il conflitto (ad agire cioè come un «attaccabrighe»). Nel caso entrambi siano «bulli» il conflitto sarà l'inevitabile conclusione che entrambi desiderano.

Una combinazione particolare di questi due modelli è quando un attore crede (o vorrebbe credere) che si stia in una situazione di «pollo», mentre in realtà l'altro è un bullo, oppure dove un attore cerca di mostrarsi bullo ma in realtà è un pollo che sta *bluffando*. L'esempio piú celebre del primo tipo è il caso della conferenza di Monaco del 1938 dove il ministro inglese Chamberlain optò per una cosiddetta politica di *appeasement* nei confronti di Hitler, che rivendicava la regione ceca dei Sudeti. Invece di minacciare il dittatore tedesco, la cui politica di espansione si faceva sempre piú aggressiva, Chamberlain considerò (o volle considerare) le pretese di Hitler come l'ultima richiesta. Questo perché, secondo Chamberlain, nemmeno Hitler avrebbe voluto coinvolgersi in una guerra disastrosa. Chamberlain giocava al «pollo» credendo la stessa cosa per Hitler, il quale in realtà era un bullo: la guerra non poteva affatto essere un motivo deterrente, era proprio ciò che cercava e da lungo tempo preparava. D'altra parte la coalizione antihitleriana aveva tentato

---

[12]   Il termine deriva dal «gioco» consistente in due automobili che vengono guidate l'una contro l'altra in rotta di collisione. Il primo che sterza per evitare lo scontro è il «pollo». Ognuno spera che sia l'altro a cedere, ma nessuno in principio è disposto a tirare dritto fino allo scontro finale. L'esito del gioco dipende da fattori quali il valore della «reputazione», il coraggio, l'aspettativa reciproca riguardo questi stessi fattori.

inutilmente di giocare al «bullo», cioè di essere disposti a tutto pur di bloccare le pretese del dittatore, mentre questi sapeva benissimo che gli altri paesi non avevano alcuna intenzione di accingersi ad un conflitto armato. Hitler cioè aveva scoperto il *bluff* degli altri e agito di conseguenza.

Il caso di Monaco, visto come un fallimento delle democrazie e come preludio alla seconda guerra mondiale, è stato oggetto di molte speculazioni «controfattuali» (Tetlock, Belkin 1996): cosa sarebbe successo se invece di piegarsi alla tattica del bullo di Hitler ci si fosse opposti con decisione? La guerra sarebbe stata evitata o la sua portata ridimensionata? Storicamente i fatti di Monaco lasciarono una traccia profonda nella coscienza dei paesi occidentali: Chamberlain diventa l'esempio per eccellenza di «pollo», il termine *appeasement* è entrato nell'uso politico comune per indicare un atteggiamento concessivo e arrendevole, destinato per questo a creare piú danni di una posizione affermativa. L'analogia con Monaco fu usata in molteplici occasioni di conflitto dopo la guerra mondiale, compreso ovviamente il caso del Vietnam (la dottrina dell'«effetto domino»: se si abbandona il Vietnam ai comunisti, poi seguiranno a catena altri paesi).

È interessante notare che durante il conflitto tra la Nato e la Jugoslavia l'analogia fu usata da entrambe le parti con estrema frequenza: cedere alla prepotenza di Milošević significa condurre una politica di *appeasement* che darà il via libera a successive violazioni dei diritti umani. Dall'altro lato, dopo il cedimento di Milošević nel giugno 1999, Mosca espresse la sua preoccupazione per una nuova «Monaco»: dopo aver ceduto alla Nato sulla questione del Kosovo, seguiranno altre «richieste» da parte dell'Alleanza atlantica, per esempio nella regione del Caucaso.

L'uso della metafora di Monaco è il segnale che il conflitto viene percepito esclusivamente in termini di gioco a «somma zero»: la soddisfazione delle richieste (o pretese) dell'altro corrisponde alla propria perdita di terreno ed è inevitabilmente un sintomo di incoraggiamento futuro per l'avversario e di perdita di potere contrattuale per sé. Dove viene usata la metafora di Monaco non vi è piú spazio per posizioni comuni tra i due attori e si presuppone la netta specularità degli interessi e delle minacce: ogni attore percepisce l'altro come un «bullo» camuffato da «pollo», e nessuno vuole fare la figura dell'arrendevole. L'insicurezza di fronte all'atteggiamento dell'altro si traduce nella mancanza di compromessi e nell'esibizione della propria determinazione.

Monaco è quindi l'esempio per eccellenza di un *non*-negoziato, di un incontro dove sotto l'apparente obiettivo di trovare un accordo sulla base di un possibile compromesso si trattò semplicemente di un'arena in cui uno o l'altro avrebbe alla fine prevalso. Rambouillet, s'è visto, è stato affrontato dalle diverse parti con questo atteggiamento di partenza, cessando sin dall'inizio di avere il carattere di un gioco a «somma mista» dove i contendenti potessero trovare degli elementi di accordo. Il gioco era già a «somma zero» e questa prospettiva fu sostenuta anche dai promotori del negoziato. Il «gioco» viene già percepito come una partita dove ci sarà necessariamente un vincitore e un perdente ed ogni mossa di mediazione come un tentativo di *bluff* da cui non bisogna farsi ingannare.

I passi falsi della strategia escalativa

Il «modello di Monaco» è solo il passo iniziale che porta da una politica di vera negoziazione ad una propria della diplomazia coercitiva. Rambouillet e i successivi bombardamenti rientrano in questa fase a «somma zero», dove si tratta del fatto che una parte *ceda*. Sulla base dell'analisi del concetto di escalation e della panoramica degli eventi, emergono tre elementi centrali che si possono considerare come «errori» (ipotizzando una assenza di intenzionalità) o comunque corsi di azione «maldestri», dove la tattica della coercizione diventa automaticamente provocazione e la minaccia fallisce in quanto destinata a dover esser messa in atto:

1) un primo errore è stata la scarsa credibilità delle minacce. Molti hanno chiamato l'azione militare come la «guerra della Albright», alludendo al fatto che l'intransi-

genza del segretario di Stato americano fosse un atteggiamento dettato piú dall'arbitrio personale che da una reale convinzione dei governi occidentali. Questo però non tolse che gli eventi si sviluppassero in modo da dover rendere effettiva questa impostazione «aggressiva».

Milošević con molta probabilità rimase fino all'ultimo convinto che non ci sarebbe stato alcun attacco Nato, perché non vi vedeva una reale motivazione e perché credeva nella forza dissuasiva del veto Onu imposto dalla Russia e dalla Cina. Ciò ha reso la situazione senza uscita: da un lato il regime di Belgrado si è convinto dell'efficacia della sua linea aggressiva, dall'altro l'Alleanza si è impigliata in una situazione dove l'obiettivo strategico finale è diventato il salvare la faccia.

Con questo non significa che una minaccia credibile, dove si manifesta con maggiore decisione la propria prontezza ad intervenire, debba avere per forza successo. Come mostrano la dinamica degli incontri di Rambouillet, l'inflessibilità delle «trattative» e la seguente azione militare (che ha voluto dimostrare, a scapito di questo punto 1, che la minaccia è credibile), subentrano inoltre i due fattori seguenti:

2) l'uso della minaccia «dall'esterno» (nel ruolo di terza parte) nei confronti di un attore in conflitto con un secondo attore rischia facilmente di diventare un invito per quest'ultimo a non cercare il compromesso, ma anzi a volere la provocazione. La parte minacciante (la Nato), a meno che non si tratti di un semplice pretesto, non ha infatti interesse ad eseguire la minaccia; si vuole solo che la minaccia sortisca il suo effetto coercitivo senza dover essere applicata. La parte avversaria (l'Uçk), invece, coinvolta non in un'azione coercitiva («far fare») ma in una vera e propria lotta («fare») non può che avere interesse in un'eventuale messa in atto della minaccia.

La strategia coercitiva della minaccia soffre di una tendenza a vedere le relazioni tra parti come esclusivamente «bipolari». L'internazionalizzazione del conflitto in Kosovo ha però condotto ad una situazione complessa con tre attori, il governo di Belgrado, l'Uçk e il Gruppo di contatto occidentale. Una situazione del genere è estremamente instabile. In questo caso si passò ad un graduale processo di «bipolarizzazione» in cui al Gruppo di contatto si sostituiva il ruolo degli Usa e della Nato man mano che queste prendevano parte al fianco dell'Uçk (chiamato progressivamente da «gruppo terrorista» a «ribelli», fino a «esercito di liberazione», e oggi possibile candidato politico per un futuro assetto del Kosovo).

Nelle ultime fasi degli incontri di Rambouillet M. Albright spinse la delegazione albanese a firmare l'accordo. Questo atto ha un duplice significato che illustra il presente punto 2: verso i serbi è un'intensificazione della minaccia (cioè qualcosa che non si vorrebbe attuare, ma che serve a spingere qualcuno a fare qualcosa), in quanto questi non avrebbero potuto piú sperare in un fallimento del negoziato dovuto alla mancanza della firma degli albanesi. Verso questi ultimi, data la situazione di emergenza che si stava creando nella regione, era invece un'assicurazione per l'intervento. Una duplicità che era l'immediato preludio per la guerra.

3) L'ambiguità piú dannosa è quella dovuta al mescolamento tra azione punitiva e azione coercitiva. Una volta iniziati gli attacchi aerei non si era certi di quali dovessero essere i reali obiettivi: impedire una catastrofe umanitaria o cercare di porvi riparo? Imporre l'accordo di Rambouillet o dichiararlo fallito e cercare la resa senza condizioni? Ma soprattutto: dissuadere i militari jugoslavi o semplicemente distruggerli? La risposta in quest'ultimo caso potrebbe suonare: entrambe le cose. Ma proprio questo è il tipo di errore che in situazioni come la guerra del Vietnam ha condannato il conflitto al suo prolungamento indefinito. Ad un certo punto i bombardamenti sono stati percepiti come raid punitivi senza piú il carattere «contrattuale» di una minaccia: semplicemente dal «far fare» si è passati ad un «fare» che non fa che compromettere qualsiasi residuo di contrattazione, costringe la chiusura dei canali moderati ed intensifica l'ostilità. A quel punto non si tratta piú di convincere, ma di costringere.

Un errore di questo tipo viene commesso anche nel caso dell'uso di sanzioni che hanno piú un carattere punitivo che coercitivo, oppure nel caso degli aiuti selettivi per la ricostruzione. Ciò vale in particolar modo quando le sanzioni hanno lo scopo di punire astrattamente lo «Stato» e di fatto non fanno altro che mortificare la società civile, lasciando intoccati i privilegi dei governanti (cap. 4). Raramente queste decisioni hanno l'effetto desiderato, chi le promuove le percepisce come mezzi «persuasivi», mentre chi le subisce come semplici atti punitivi.

La tendenza al carattere punitivo di un intervento è il prodotto di una concezione «morale» (o moralistica) dell'azione coercitiva. Il mescolamento di politica e morale porta ad una situazione in cui la valutazione razionale dei reali effetti della punizione viene messa in secondo piano rispetto al fatto del «compiere giustizia» (cap. 14).

Decisioni e responsabilità

Parlare di «passi falsi» significa toccare il problema dei meccanismi di decisione politica, assumendo che il compito di un politico sia quello di prendere decisioni in modo razionale. Un comportamento è «razionale» quando è coerente ed efficace nei confronti degli obiettivi che si vogliono raggiungere e deve quindi tenere conto delle conseguenze delle proprie azioni. Ma se le conseguenze sono difficili da afferrare o peggio ancora mancano dei fini strategici chiari, e dal momento che la razionalità si basa su questi elementi, come si può agire razionalmente? Non si può, ci si muove in modo incerto motivando eventualmente *a posteriori* determinate scelte. Si mette cioè in moto un meccanismo di *razionalizzazione* consistente nei seguenti elementi:

1) restrizione del «raggio di responsabilità». L'intervento militare è visto come un passaggio necessario per dimostrare la propria risolutezza e non tiene piú conto delle ovvie conseguenze che vanno al di là della sua attuazione. Chiunque poteva prevedere che l'inizio dei bombardamenti avrebbe significato un'accelerazione delle violenze nel Kosovo. Ma questo non viene percepito come rientrante nella sfera delle conseguenze dell'azione

e quindi della propria responsabilità. Anzi, un'obiezione del genere viene rigettata con la risposta preconfezionata che «con il senno di poi, tutti sono saggi». Ogni decisione si svolge all'interno di una sfera temporale sempre piú ristretta: ciò ha la funzione di risolvere la mancanza di una prospettiva a lungo termine. All'interno di un ambito piú ristretto il senso delle proprie azioni è piú «controllabile». Si cerca di evitare la domanda «E dopo?».

2) Entra in gioco il *wishful thinking*, la convinzione ottimistica che l'azione stia andando per il suo meglio. Subentrano anche motivazioni propagandistiche: la convinzione della propria forza e coesione, la certezza che il nemico è ormai agli stremi, che i suoi mezzi di aggressione sono praticamente annientati (cosa che si è dimostrata fasulla: le forze armate jugoslave in ritiro dal Kosovo erano per lo piú intatte).

3) Elemento fondamentale del processo di razionalizzazione è il carattere auto-motivante di certe decisioni. L'inizio dei bombardamenti provoca la reazione violenta delle truppe militari e paramilitari jugoslave: gli scempi attuati da queste ultime vengono usati per dimostrare la razionalità dei bombardamenti. Vi è una circolarità che rispecchia il cosiddetto «dilemma della sicurezza»: la guerra della Nato ha cambiato anche gli assetti della sicurezza internazionale e ciò motiva ulteriormente la necessità di rafforzare l'Alleanza Atlantica di fronte alle nuove minacce che però sono anche il prodotto dell'azione di quest'ultima. Come in una profezia che si autoavvera, *l'effetto dell'azione militare è quello di creare le basi razionali della propria legittimazione*. La razionalità circolare dell'intervento è dovuta anche al fattore della reputazione da salvaguardare. Durante i primi giorni dei bombardamenti il cancelliere tedesco Schröder affermò: «Noi vinceremo perché dobbiamo vincere». L'inizio degli attacchi crea la necessità di salvare la faccia, e questa necessità diventa una ragione *ex post* che motiva la razionalità degli attacchi.

14. La discussione sulla legittimità, il diritto internazionale e la «moralizzazione» della guerra

Diritto internazionale e diritti umani

La crisi del Kosovo sembra aver messo in luce una contraddizione latente tra i princípi della Carta dell'Onu, che vietano la guerra come strumento di risoluzione delle controversie e mezzo di aggressione, e la Dichiarazione universale dei diritti umani. L'intervento in Kosovo e in Jugoslavia è stato presentato come esempio del primato della morale sulla sovranità nazionale, quest'ultima destinata ad indebolirsi sempre piú sulla base del principio che i governanti di una nazione non possono piú decidere in modo arbitrario del destino dei loro cittadini.

Seguendo l'intuizione e un senso morale di giustizia, sembrerebbero non esserci dubbi sul fatto che i diritti umani vadano posti al di sopra del diritto internazionale, escludendo i casi in cui i primi vengono strumentalizzati per poter agire sui secondi. Certamente l'Onu, mantenendo in sé una contraddizione fondamentale, contiene un «elemento utopico» nel suo volere che diritti umani e diritti internazionali si rafforzino a vicenda, e non, come sembra essere in realtà, si escludano reciprocamente. Eppure questo elemento utopico non è solo il prodotto di un idealismo ingenuo, ma ha in sé un suo senso profondo che consiste nel fatto che i due diritti non possono fare l'uno a meno dell'altro: non c'è infatti altra garanzia *super partes* di tutela dei diritti umani se non le istituzioni internazionali.

Se l'azione di uno o piú Stati ispirata alla difesa dei diritti umani ha come risultato (in nome di questa «contraddizione») la destabilizzazione del sistema di diritto internazionale, il risultato sarà la messa in discussione proprio di ciò che permette una applicazione imparziale e duratura degli stessi diritti umani. Un sistema internazionale *inclusivo* è infatti l'unica garanzia contro eventuali strumentalizzazioni della retorica dei diritti umani. Anche ammesso che il caso del Kosovo non rientri in questi casi, si pensi che nella maggior parte delle aggressioni militari, soprattutto di questo secolo, si è usata la motivazione della difesa di diritti umani violati: non solo nel caso del Vietnam, ma lo stesso Hitler nel confronti dei Sudeti o il Giappone in Manciuria sono esempi in cui ci si è appellati a diritti calpestati di minoranze etniche o politiche. I pericoli di un utilizzo «esclusivo» di questo argomento sono stati uno dei motivi principali per la costituzione della Carta dell'Onu dopo la seconda guerra mondiale.

Non è un caso che tra i governi del Patto atlantico, oltre a chi ha voluto creare con l'intervento in Kosovo un precedente da istituzionalizzare, ci sia chi (come il ministro degli Esteri tedesco Fischer) tenga a sottolineare il carattere di «eccezionalità» dell'emergenza umanitaria nella regione sotto la spinta di un imperativo morale. Questo non è espresso per assicurare che non ci saranno altri interventi, come se le catastrofi a venire perdessero il loro carattere moralmente obbligante. Il timore è piuttosto il seguente: che cosa può dire l'occidente d'ora in poi nel caso un'altra alleanza militare decida di intraprendere un'azione simile in un'altra regione? Un esempio potrebbe essere la Cina che interviene in Indonesia per proteggere la minoranza cinese vittima di continui *pogrom*, ma non è necessario che vi sia una corrispondenza etnica tra Stato soccorritore e vittime. Qualsiasi tipo di catastrofe umanitaria, reale o costruita, può essere occasione di intervento bellico e l'Onu, con la sua autorità indebolita, potrà solo con difficoltà inibire tali iniziative. In una situazione del genere ancora piú forte sarà il senso di necessaria dipendenza dalla protezione di un'alleanza come la Nato. Di nuovo: un'opzione come quella militare ha finito per *creare* i presupposti e l'ambiente che la legittimano, rendono razionale un potenziamento della «sicurezza».

Considerare l'intervento in Kosovo come un'eccezione non è un motivo per tranquillizzarsi. Nei termini di Carl Schmitt chi decide dello stato di eccezione è per questo il sovrano assoluto. Giudicare come eccezionale l'intervento non è piú tranquillizzante del contrario perché motiva il carattere *discrezionale* (arbitrario) di questo tipo di azioni, anche nella scelta degli impegni (l'obiezione piú celebre: intervento in Kosovo, ma non a favore dei curdi). L'eccezionalità è il segno di una politica sempre piú a breve termine, fondata sull'*hic et nunc*, e necessariamente destinata ad essere una continua rincorsa alle occasioni mancate. Chi si oppone a questa tendenza ed esercita la sua critica attraverso una continua riflessione su ciò che sarebbe stato meglio fare, viene messo da parte con l'argomento tipicamente anti-intellettuale del «Con il senno di poi, tutti sono piú intelligenti», giustificando la forza «normativa» dei fatti compiuti.

La corrente alternativa (e preponderante) sostiene che non si tratti affatto di una situazione di eccezionalità, ma del primo passo per creare un sistema internazionale effettivo e pronto all'azione: l'Onu è semplicemente troppo debole per esercitare un'autorità concreta in grado di imporre una norma internazionale, essa è un Leviatano dimezzato che nessuno prende sul serio; lo dimostra il fallimento durante la guerra in Bosnia e in Somalia. In questo senso il pensiero di una «globalizzazione» di certe norme (il rispetto dei diritti umani) sembrerebbe spostarsi su un piano differente, meno basato sul consenso tra le parti (proprio delle forme inclusive: un accordo tra piú attori che decidono di uscire dallo stato di anarchia internazionale per sottomettersi ad un ordine comune) e piú sull'istituzione graduale di un monopolio della forza, che è la concezione hobbesiana della genesi di un'unità nazionale. Anche il sistema-mondo sembrerebbe seguire lo stesso percorso: solo cosí, questo il pensiero di chi vede l'intervento Nato come ricco di prospettive, si potrà istituire un vero diritto internazionale e superare la lotta anarchica del «tutti contro tutti»[13].

L'idea di un sistema di diritto «mondiale» non è una novità nella storia del pensiero. Jürgen Habermas è l'intellettuale che oggigiorno sostiene le ragioni di un sistema normativo globale che parta dalla già esistente base minima di collettività, la comunicazione interindividuale. Nella sua trattazione teorica dell'«etica del discorso», la comunicazione diviene mezzo di unificazione e principio minimale per trovare le base morali comuni a livello globale.

Di fronte agli avvenimenti della guerra per il Kosovo lo stesso Habermas ha ammesso i limiti di questa posizione. I fatti mostrano che i mezzi di comunicazione si rivelano il piú delle volte un'ulteriore fonte di divisione che non porta trasparenza, ma al contrario confusione e distorsione, soprattutto quando sono strumento di propaganda, e diventano un ulteriore campo di battaglia, non una base comune d'incontro. Durante la guerra per il Kosovo si è dovuto ribadire con forza che stavano accadendo cose che le immagini non mostravano (data l'assenza di giornalisti nella regione), il ruolo dei portavoce ha assunto una rilevanza senza precedenti (la Nato ha allestito due «briefing» al giorno con tanto di descrizione visiva delle azioni militari) e il culmine è stato raggiunto con il bombardamento della televisione di regime a Belgrado. La «base morale comune» non viene sostenuta per mezzo e a partire dalla comunicazione, ma deve spesso combattere contro di essa.

Di fronte a ciò Habermas ha mantenuto salda la sua idea di un ordine normativo mondiale, tuttavia non piú a partire dall'astratta argomentazione dell'«etica del discorso», quanto piuttosto dal tipo di avvenimenti che l'intervento Nato ha messo in moto[14]. Egli vede un salto dal «di-

---

[13] Una versione particolare di questo problema è la domanda se la democrazia sia un valore da esportare con mezzi democratici, oppure se è necessario imporla in modo *non*-democratico.

[14] La sua opinione sull'intervento Nato (*Die Zeit* 29 aprile 1999) ha acceso molte discussioni, soprattutto in Germania.

ritto internazionale» classico (dove gli attori sono gli Stati, con i loro doveri e diritti) a un «diritto cosmopolita» proprio di una «società mondiale», dove i soggetti sono gli individui. Perché questo passaggio venga attuato, la fase di «moralizzazione» della guerra è un momento necessario che dovrà poi essere superato da una fase in cui la valutazione morale lascerà spazio ad una «normatività» sopra le parti. Secondo Habermas, coloro che criticano senza appello la moralizzazione del conflitto non terrebbero conto dell'occasione contenuta in questi eventi. Una volta imposto un sistema di norme internazionali i crimini contro l'umanità verranno trattati come accade in un sistema penale all'interno di uno Stato. Affinché questo accada occorrerà superare la fase di «moralizzazione» e di eccezionalità che hanno caratterizzato l'intervento. Il problema centrale è che questa «fase» tende ad essere una costante e non una momentanea anticamera ad un sistema normativo oggettivo. Un intervento umanitario ha dei limiti precisi che negli anni novanta si sono man mano delineati con chiarezza. Si interviene dove si può, o dove ci sono determinati interessi. Anche se il calcolo dei costi e dei benefici viene apparentemente sospeso, se il costo diventa eccessivo, allora l'intervento non ci sarà. In questo c'è anche una ragionevolezza politica: in un effettivo sistema normativo i tutori del diritto hanno il dovere di intervenire in ogni situazione e di tenere conto di ogni richiesta fondata di giustizia. Allargare sul piano dei rapporti internazionali l'idea del diritto come forza coercitiva comporterebbe un continuo stato di intervento obbligato e dunque la guerra totale.

Diritto e coercizione militare

Lo stesso Habermas riconosce che «norme morali che si richiamano alle nostre migliori intenzioni, non devono essere imposte come norme di diritto costituite» (*Die Zeit*, cit., p. 7). Pensare all'azione «morale» *come se* fosse già una forma di azione condotta sulla base di un sistema normativo ha in sé altri equivoci sostanziali.

Riflettere sulla «legalità», come si è fatto spesso a partire dall'inizio dell'intervento Nato, non è un semplice esercizio cinico di teoria del diritto. La legittimità dell'uso della forza all'interno di un ambito normativo si basa su tre criteri fondamentali: *a*) l'adeguatezza, *b*) la distribuzione dei «costi» e *c*) la proporzionalità.

a) L'adeguatezza riguarda la relazione tra mezzi e scopo. Se si presume che la violenza non porti alla realizzazione dello scopo, allora il suo uso è illegittimo. Questo ha fatto sí che durante il conflitto armato gli obiettivi variassero in continuazione e seguissero la logica dell'escalation. Se lo scopo era «proteggere i Kosovari», l'azione bellica ha indubbiamente provocato il contrario, imponendo un'accelerazione delle violenze nei confronti della popolazione. L'argomento per cui i bombardamenti non hanno provocato le violenze (in quanto erano già in corso) non può nascondere il fatto che essi ne hanno provocato l'estrema *intensificazione*. Qualsiasi altra opzione, tra cui anche il diretto intervento sul territorio, avrebbe condotto a conseguenze minori di quelle che ancora si stanno contando nelle fosse comuni. Ma anche prescindendo dagli effetti negativi, il semplice fatto che l'azione aerea non avrebbe costituito alcuna protezione significa che essa non poteva essere né adeguata al raggiungimento dell'obiettivo, né dunque legittima.

b) Nel caso si giustifichi l'uso della violenza contro qualcuno in soccorso ad un terzo (la vittima), chi decide in tal modo deve farsi carico dei rischi e dei *costi* di una tale azione e non addossare tali costi agli altri nella prospettiva di non voler subire alcun danno. Sarebbe come voler intervenire contro un criminale che tiene un ostaggio tempestandolo di sassi dalla distanza: non solo non allontana il criminale dalla sua vittima, che anzi rischia di subire pure lei i colpi del soccorritore, ma rischia di provocarlo ad infierire ancor di piú. Nel caso dell'intervento per il Kosovo è emersa anche la doppia valutazione delle perdite militari proprie e di quelle civili (serbi ed albanesi) dell'altro. Queste ultime, per lo piú innocenti (nei giorni del ritiro si è potuto notare che le truppe armate erano praticamente intatte, a maggior forza le unità paramilitari sono quelle che probabilmente hanno avuto di meno da temere dagli attacchi aerei), sono state il costo che non si è inteso pagare con i propri soldati. Qualunque militare non direttamente coinvolto nelle operazioni della Nato ha sottolineato il carattere irresponsabile e strategicamente debole dell'intervento.

c) Questo ci porta al terzo criterio di legittimità, la proporzionalità dell'azione. Anche un'azione effettiva, che tende a raggiungere il suo obiettivo, perde la sua legittimità se eccede nell'uso della violenza. L'eccedenza consiste in tutta quella parte di violenza esercitata che di fatto *non* serve per il raggiungimento dell'obiettivo o che addirittura peggiora la situazione, finendo per rendere l'azione non piú adeguata (punto *a*). Un esempio dove la legittimità viene meno sulla base di questo principio è stato l'attacco alla televisione, considerato obiettivo militare in quanto strumento di propaganda. I dipendenti uccisi sono da considerarsi ufficialmente corresponsabili delle attività propagandistiche, pur essendo ben noto che in molte istituzioni ufficiali i lavoratori erano costretti a restare al loro posto anche di notte come «scudi» umani, spesso con la minaccia di perdere l'occupazione.

Il principio della proporzionalità riguarda in maniera specifica il problema dei «danni collaterali». La collateralità viene intesa come assenza di intenzione diretta, anche se non esclude il fatto che determinate perdite (come i civili uccisi) siano «messe in conto» come inevitabile fattore statistico. Durante i bombardamenti si è sempre apportato come argomento il fatto che un margine di errore di meno dell'uno per cento è da considerarsi praticamente un risultato perfetto. Mai nelle guerre si è raggiunta una precisione di questo tipo e mai la parte attaccante si è premurata di investire la sua tecnologia per risparmiare civili innocenti della parte avversa. Si è detto che l'esistenza delle armi «intelligenti» abbia alzato il livello di sensibilità per gli «errori collaterali»: già una decina di uccisi fa vacillare l'opinione pubblica e il sostegno per la guerra. Non va però dimenticato che l'invenzione di queste armi (e questo è il motivo per cui sono state inventate) ha innalzato la possibilità di condurre questo tipo di guerre. Parte della legittimità, soprattutto dopo la fine del conflitto armato, è data dal raffronto quantitativo tra le vittime salvate (salvate però in gran parte da ciò che l'azione stessa «di salvezza» aveva provocato) e quelle involontariamente sacrificate[15].

Ci si richiama a questo proposito alla dottrina antica del «doppio effetto» di un'azione. Se un pilota di aereo vuole colpire un obiettivo militare e sa che cosí facendo colpirà con una determinata probabilità anche un obiettivo civile, non gli si potrà attribuire l'intenzione di voler colpire anche quest'ultimo obiettivo. Al limite gli si può attribuire la responsabilità, la quale però resta subordinata allo scopo primario delle azioni compiute. Questo discorso ha senso se lo scopo primario non è in contraddizione con gli eventuali effetti secondari. Se si conduce una guerra di aggressione, con lo scopo di distruggere o piegare l'avversario, oppure una guerra di conquista, qualsiasi effetto secondario non comprometterà in principio gli obiettivi raggiunti. Ma se l'obiettivo è di tipo «umanitario», consistente nel voler salvaguardare vite innocenti, allora il fatto di provocare vittime anche in modo collaterale rende l'azione paradossale. Se poi l'azione fa sí che anche la parte protetta si venga a trovare in una situazione *peggiore*, allora la legittimità del soccorso perde il suo senso. Consapevoli di questa paradossalità, a posteriori si assiste anche ad una modificazione dello scopo dell'intervento, sull'onda dell'apparente «successo» conseguito: il sacrificio di civili innocenti (da ambo le parti) è stato un prezzo giusto e necessario per garantire la sicurezza definitiva della regione e per mostrare che l'Alleanza non stava scherzando. Il motivo del soccorso lascia spazio al motivo del «ne è valsa la pena». Questo significa tuttavia eguagliare il raggiungimento dell'obiettivo con il successo militare: anzi alla fine l'obiettivo (dopo una serie di variazioni) è diventato semplicemente *vincere*.

---

[15] La stessa Mary Robinson, l'alto commissario per i Diritti umani dell'Onu, dichiarò il 9 maggio 1999 che di fatto le vittime civili dei bombardamenti sulla Jugoslavia vanno considerate vittime di violazione dei diritti umani. Questa dichiarazione non ebbe naturalmente seguito.

Quello che ora seguirà nella regione è un problema successivo che non può mettere in discussione questo successo, sulla base di un meccanismo di «restrizione» della responsabilità di cui si era già detto (cap. 13).

Che legame ha tutto ciò con un discorso normativo? L'argomento del «ne è valsa la pena» non può essere la base di una legittimazione di diritto, cosí come un medico non può accettare che venga ucciso qualcuno i cui organi poi utilizza per salvare la vita a dieci persone. Il principio di proporzionalità e di adeguatezza sono propri di un discorso normativo perché il diritto si basa sulla giustizia e non sul successo di un'azione.

Dei poliziotti non possono intervenire contro un criminale se ciò rischia di compromettere la vita di ostaggi o di innocenti nei paraggi, anche se l'azione consente di catturare il malvivente ed eventualmente di salvare la vita ad altri. Un'obiezione potrebbe essere: diverso è il caso in cui il criminale comincia a fare fuori i suoi ostaggi. Ma anche in questo caso l'intervento non deve accellerare questa situazione, né rischiare la sicurezza di terzi non coinvolti, certamente non allo scopo di salvaguardare la *propria* sicurezza (la distribuzione dei «costi»). In un'azione militare sostenuta da princípi morali queste condizioni sono offuscate dal fatto che vi è una divisione tra Bene e Male, tra Amico e Nemico; e il Nemico appare piú sacrificabile: la divisione amico-nemico è però una categoria di tipo politico e non può essere usata in un ambito «legale».

Che un'azione militare non possa essere paragonata all'applicazione delle norme per mezzo della polizia è poi evidente se ad un elemento di prevenzione o di impedimento subentra una volontà punitiva, che è tipica delle azioni di *rappresaglia*[16]. Una polizia non può condurre azioni di rappresaglia, in quanto non è preposta a com-

---

[16] Non sempre è facile distinguere un'azione di semplice deterrenza da una punitiva. Esempi recenti sono la distruzione della fabbrica chimica in Sudan oppure i bombardamenti in Irak (continuati anche nei mesi della guerra in Kosovo e dopo, ma dimenticati dai media). In questo caso l'azione di deterrenza si confonde e sfuma in una sorta di atto punitivo permanente.

piere atti punitivi (che piuttosto sono competenza di un successivo processo giudiziario).

Una guerra punitiva, che va parzialmente oltre gli stessi confini dell'azione coercitiva, non è mai giustificabile perché non ha scopi effettivi, se non quelli dimostrativi e di salvaguardia della reputazione. Questo tocca un altro aspetto che rende problematico parlare di «diritto» in un contesto dove esso viene esercitato in prima persona da attori coinvolti direttamente e non si fa affidamento ad una entità piú o meno sopra le parti: la reputazione, il salvare la «faccia», non possono essere *mai* possibili giustificazioni lecite di un'azione militare per quanto si possa ingrandire l'importanza della reputazione di uno Stato, di un'organizzazione o di una «comunità di valori» per la sua futura sopravvivenza. Sarebbe come legittimare sul piano delle relazioni internazionali un costume arcaico come il «delitto d'onore».

Il caso del Tribunale penale internazionale

L'art. 51 della Carta dell'Onu afferma che interventi di emergenza ed azioni di «soccorso» non richiedono necessariamente una delibera del Consiglio e di fatto gli avvenimenti in Kosovo furono presentati come un caso di emergenza umanitaria. La questione se il mandato fosse piú o meno necessario ha avuto un ruolo per lo piú politico, al fine di non provocare eccessivamente paesi come la Russia e in modo minore la Cina. L'intera discussione sulla legitimità di un intervento militare senza il mandato del Consiglio di sicurezza dell'Onu rischia dunque di nascondere una posta in gioco piú profonda.

Come si è accennato, secondo Habermas la rivendicazione di validità a livello globale di princípi morali deve essere solo una fase transitoria verso l'istituzione di norme internazionali. Solo in questa prospettiva il caso dell'intervento Nato avrebbe una sua legittimità. Ma questo sarebbe vero se contemporaneamente la sua azione favorisse il potenziamento delle istituzioni «inclusive» come l'Onu: altrimenti il Patto atlantico assumerebbe sempre piú su di sé sia il potere legislativo che quello esecutivo.

È interessante notare che proprio nel luglio del '98, in piena internazionalizzazione del conflitto in Kosovo, furono condotti a Roma i negoziati per un accordo sul Tribunale penale mondiale, l'Icc (*International Criminal Court*). Per alcuni giorni ci fu scalpore per il rifiuto degli Usa di accettare un tale accordo. In quella situazione gli Stati Uniti (e, solo inizialmente, anche la Francia) si trovarono isolati insieme a Cina, Russia e Stati «mascalzoni» come l'Irak, Cuba o il Pakistan. L'argomento principale addotto dalla delegazione Usa (condotta da David Scheffer, poche settimane dopo inviato speciale per i crimini di guerra nei Balcani) fu che l'Icc avrebbe potuto limitare la libertà di azione dei propri soldati anche nel caso di interventi all'interno dell'Onu o della Nato. Il tribunale infatti si sarebbe concentrato sui crimini di guerra in senso lato, anche commessi da singoli soldati e avrebbe agito, secondo il progetto iniziale, indipendentemente da risoluzioni dell'Onu e dunque dal potere di veto dei membri del Consiglio di sicurezza. Il 15 luglio '98 fece scalpore la dichiarazione-avvertimento del ministro della Difesa Usa W. Cohen per cui gli Stati Uniti avrebbero ridotto il loro sostegno militare in Europa se questa avesse votato per l'Icc. L'argomentazione del gruppo d'opposizione in sostanza era un rifiuto di una limitazione della sovranità nazionale. L'Icc sarebbe stato un esempio di struttura «inclusiva» e non «esclusiva» (v. cap. 8), ovvero una vera e propria organizzazione *super partes*, e non un dispositivo in mano a una determinata parte azionabile a seconda delle necessità, come di fatto sono i tribunali *ad hoc* finora istituiti per i crimini di guerra (Norimberga, Tokyo, Ruanda, Jugoslavia).

La critica piú veemente fu sollevata soprattutto contro l'articolo 5 dell'Icc[17]. Questo articolo include, tra le altre cose, i bombardamenti di una forza armata di uno Stato nei confronti di un altro Stato oppure l'uso dei blocchi

---

[17] Il suo statuto può essere consultato sotto l'indirizzo www.un.org/icc.

navali come casi di «aggressione» condannabile. L'obiezione consistette nel fatto che ciò avrebbe ridotto le opzioni militari disponibili per gli Stati Uniti per condurre azioni preventive e avrebbe legato le mani agli Usa. Un trattato che istituisse l'Icc darebbe valore giuridico vincolante ai princípi del patto Briand-Kellogg del 1928, poi ripresi nella Carta dell'Onu, relativi alla messa al bando della guerra come strumento di risoluzione delle controversie internazionali. Questo avrebbe naturalmente significato non l'eliminazione dello strumento militare, ma la sua sottrazione al potere di singole nazioni a favore di un entità *super partes* a cui tutti gli Stati senza esclusione devono render ragione. Il monopolio della violenza sarebbe concentrato in una vera entità internazionale e non in un gruppo di nazioni.

Il pensiero implicito in queste resistenze, che si mostrò anche nell'atteggiamento diviso dell'amministrazione Clinton (in parte a favore di una Corte internazionale, a differenza dei repubblicani decisamente contro), è da ricondurre nella chiara immagine mentale di un mondo diviso in Stati veri e propri e «Stati mascalzoni» (*rogue States*): è nei confronti di questi che ha senso imporre vincoli giuridici e istituire eventualmente tribunali, mentre invece è pericoloso mettere le briglie a coloro che agiscono contro il terrorismo, il caos e l'instabilità (Dempsey 1998). Ancora una concezione «esclusiva» di un organo internazionale, che in questo caso esclude gli Stati «normali» esentandoli dai vincoli penali a cui qualsiasi «mascalzone» potrebbe eventualmente appellarsi.

L'accordo per l'Icc è stato formalmente accettato dalla stragrande maggioranza delle nazioni, ma ancora rimane aperta la questione del suo campo di validità: se esso varrà solo per gli Stati che lo ratificheranno oppure per *tutti* gli Stati. In caso di una mancata ratifica (ad esempio da parte degli Usa) sarà molto difficile una reale applicazione.

Resta una domanda a cui per il momento non è possibile rispondere: quali *conseguenze* ha la guerra contro la Jugoslavia sullo sviluppo ancora incerto del Tribunale internazionale? Da un lato le conseguenze sembrano positive per uno sviluppo ulteriore di quest'idea (necessità di una reale politica dei diritti umani), eppure se si pensa al nuovo ruolo della Nato, alla conferma della divisione tra Stati normali e Stati «mascalzoni», nonché alla rinata necessità di un applicazione anche militare degli interventi umanitari, allora la risposta non sarà più così evidente. Di nuovo la chiave di interpretazione è la differenza tra la forma esclusiva e inclusiva che dovrà avere un sistema di «diritto» internazionale.

La guerra delle intenzioni e il principio morale

Come accade in ogni occasione, l'intervento militare del '99 ha suscitato, soprattutto dalla parte dei detrattori, una lunga serie di riflessioni sui motivi «reali» dell'azione. Le innumerevoli risposte vanno da considerazioni più o meno realistiche fino alle speculazioni dietrologiche più azzardate. La caratteristica della maggior parte di queste posizioni è che difficilmente possono essere incluse in un discorso obiettivo e distaccato, non perché sicuramente false, ma perché in principio indimostrabili. Il processo alle intenzioni tende sempre a diventare un esercizio che gira a vuoto.

Tutte queste riflessioni hanno una base in comune: la non accettazione di fondo della motivazione «morale» dell'intervento. Questo non necessariamente per malafede, quanto piuttosto perché la motivazione morale viene vista come irrazionale. La guerra del Kosovo ha accomunato paradossalmente pacifisti e realisti, anche se per motivi differenti. La ricerca di un motivo «nascosto» è in fondo la fiducia implicita che degli attori agiscono sulla base di un calcolo razionale raffinato. La posizione «morale» è implicitamente antieconomica. Quindi si giunge alla situazione paradossale per cui si assume come razionale, benché «condannabile», un comportamento che aspira ad un interesse proprio, mentre l'atteggiamento morale è valutato in principio positivamente ma viene visto con scetticismo perché troppo altruistico. Tutto ciò contiene un presupposto implicito su cui poco si è discusso, ovvero che la «moralizzazione» di un'azione sia senz'altro positiva. Una guerra condotta per dei «valori» non è detto però che abbia conseguenze positive.

Nella teoria del comportamento razionale non si tratta di contrapporre in modo grossolano comportamento «egoista» e razionale (che agisce solo in funzione dei propri interessi) e comportamento «altruista» e «irrazionale». Anche l'altruismo è un fenomeno che può essere spiegato sulla base dell'interesse proprio: si parla in questo caso di un cosiddetto «egoista illuminato», il quale riconosce che un comportamento in favore di un altro, anche se comporta un dispendio attuale di risorse proprie, alla fine si rivela un vantaggio generale e dunque anche personale. Gli Stati Uniti si attribuiscono spesso questo ruolo: il perseguimento dei diritti umani e della democrazia è parte della politica nazionale e sta sotto le premesse della propria politica di potenza. Scopo spesso dichiarato della politica estera degli Usa è quello di creare nel mondo un ambiente favorevole per sé, e questo è raggiunto per mezzo dell'esportazione dei propri princípi democratici e liberali. Ciò che è buono per sé, è buono anche per gli altri. Un problema che emerge presso l'egoista illuminato è che il suo altruismo non è fine a se stesso (come nel caso di un atteggiamento puramente morale), ma dipende dall'interesse a lungo termine del suo comportamento. Se l'atteggiamento altruista si rivela in un caso chiaramente svantaggioso, allora, a meno che ciò non comporti una perdita piú grave sul piano dell'immagine, esso non verrà perseguito. È irrealistico pensare che vi siano nazioni che non seguano il principio dell'interesse nazionale, e gli Stati Uniti non fanno eccezione. Il caso del Tribunale penale internazionale ne è un chiaro esempio: l'utopia trova i suoi evidenti limiti di fronte ad una concezione dell'autorità dello Stato nazionale che non è affatto indebolita.

Anche il principio dell'egoismo illuminato non è libero da critica, perché comporta spesso casi di «doppia morale» come nel caso in cui s'interviene da una parte (Kosovo), ma non da un'altra (ad esempio in Turchia o in Russia): l'argomento per cui il «non-intervento» (l'omissione di soccorso) da una parte mette necessariamente in discussione l'intervento dall'altra si richiama ad un principio morale (o moralistico) dell'eguaglianza di trattamento.

A prescindere da queste distinzioni è tuttavia un fatto che la legittimazione dell'intervento sia stata basata non in relazione ad un interesse, ma in virtú di una posizione moralmente superiore. L'atteggiamento virtuoso invece di essere un segnale positivo di uno sviluppo «umano» della politica, è stato visto dai realisti (come Kissinger) come un pericolo latente. Il fatto che ci possano essere altri motivi è qualcosa che in questo senso tranquillizzerebbe un realista piú dell'idea di una guerra condotta per la difesa di princípi. Al di là del cinismo della posizione realista in questa critica vi è un elemento non trascurabile: il pericolo escalativo a lungo termine non è dato da eventuali piani «diabolici» dietro la facciata umanitaria, quanto piuttosto dal sovraccarico morale che viene dato ad ogni conflitto.

Il rischio di una guerra di «civiltà» o di valori morali consiste nella tendenza a lasciare da parte considerazioni economiche e razionali che spesso sono un *fattore di moderazione*, dal momento che ogni guerra verrebbe condotta finché conviene e si arresterebbe quando il danno diventa maggiore dell'utile. La moralizzazione invece rende i conflitti e le guerre in principio senza fine in quanto l'azione armata diventa una questione di princípi e non viene piú regolata sulla base della considerazione dei danni e dei benefici (propri ed altrui). Si agisce perché è dovere morale agire. Nella guerra moralizzata si tende inoltre a demonizzare il nemico, a considerarlo come personificazione del Male, con le conseguenze negative che abbiamo visto. Questa è una caratteristica del fondamentalismo.

Non è un caso che alcuni osservatori (Cora Stephan in *Kursbuch: Schluß mit der Moral*, 1999) temono l'eccesso di morale nella giustificazione della guerra come un ritorno alle «guerre sante». Ciò sfugge alla legge generale di Ippocrate «Non nuocere»: la necessità morale va al di là del fatto che l'azione può fare piú male che bene, perché lo scopo è appunto l'azione (il fatto che si interviene, la sensazione di dover fare qualcosa) e non piú l'obiettivo da raggiungere con l'azione. È il principio del *pereat mundus, fiat iustitia*. Il merito morale viene prima delle considerazioni sull'effettività della propria azione. Da questa prospettiva anche se l'azione crea un danno maggiore della relativa inazione, quest'ultima è condannata come omissione di soccorso, mentre nella prima si può dire «Almeno abbiamo fatto qualcosa»[18]. Questo perché la non-azione (militare) non è considerata come scelta attiva a favore di alternative, ma come atteggiamento passivo. E la passività, quando in piú è in gioco l'immagine, diventa un «male maggiore» rispetto all'attività, qualunque sia il risultato.

[18] Come disse un consigliere di Johnson, McGeorge Bundy, nel suo memorandum durante la guerra del Vietnam: «Con sicurezza si può dire che questa politica [quella del bombardamento continuativo] vale la pena anche se fallisce. Almeno elimina l'accusa che noi non abbiamo fatto tutto ciò che era in nostro potere fare [...]» (*I documenti del Pentagono*, 1971).

15. La guerra del Kosovo e oltre: lezioni e riflessioni

> Non c'è piú nessuna strategia, ma solo gestione delle crisi.
>
> Robert McNamara, consigliere del presidente Usa durante la crisi del Vietnam.

Siamo arrivati al termine della nostra ricostruzione della doppia guerra del Kosovo a partire dal concetto di escalation. È opportuno, prima di concludere, effettuare alcune riflessioni generali sulla guerra e formulare in positivo una serie di lezioni da trarre dagli eventi del 1998-99.

La prevenzione innanzitutto

«Prevenire è meglio che curare» è un luogo comune che non si è riusciti ancora a mettere in pratica nel campo della gestione dei conflitti di rilevanza internazionale. Dall'inizio degli anni novanta, tuttavia, la prevenzione dei conflitti violenti è diventata un oggetto di ricerca nelle scienze sociali e si è andata lentamente affermando all'interno della politica.

Il caso del Kosovo dimostra che, all'interno della «comunità internazionale», è presente la capacità di *early warning*, di segnalazione tempestiva dell'avvicinarsi di una crisi. Abbiamo visto come, al piú tardi a partire dal 1995, una serie di istituzioni di ricerca e di organizzazioni della società civile non solo hanno lanciato l'allarme su quello che sarebbe potuto succedere nella provincia nel momento in cui gli albanesi avessero abbandonato la strategia della nonviolenza, ma hanno anche delineato possibili strategie per la diplomazia degli Stati e le azioni della società civile. Proprio alla «diplomazia del secondo binario», al di fuori dei canali ufficiali, dobbiamo l'unico passo in avanti nella soluzione del conflitto, l'accordo sul sistema scolastico del 1996 raggiunto con la mediazione della Comunità di sant'Egidio.

L'atteggiamento della «comunità internazionale» nei confronti del conflitto in Kosovo negli anni dal 1991 al 1998 mostra un deficit che è indispensabile superare per lo sviluppo di appropriate capacità di prevenzione nei conflitti: l'idea cioè che un conflitto esiste solo nella misura in cui i gruppi coinvolti impiegano la violenza, e che, se una collettività decide di impiegare metodi nonviolenti per lottare contro la repressione, questo non è sufficiente a destare l'attenzione delle diplomazie.

Le implicazioni della sicurezza multidimensionale

Tradizionalmente la nozione di *sicurezza* veniva connessa alla disponibilità di un potenziale militare adeguato a dissuadere eventuali aggressori e/o a tutelare con la forza i propri interessi. In maniera corrispondente, il concetto di difesa significava quindi difesa armata da eventuali minacce alla sicurezza militare.

A partire dall'inizio degli anni novanta, dopo la fine della Guerra fredda, sia nell'ambito della ricerca che al livello delle dichiarazioni politiche si è assistito ad una ridefinizione del concetto di sicurezza, non più solo in relazione a una minaccia militare, ma in termini multidimensionali. In un testo classico sul tema (Buzan 1991) oltre a quella militare vengono identificate le dimensioni politica, economica, sociale ed ecologica.

L'innovazione concettuale coglie senza dubbio delle novità reali: le crisi ecologiche a livello regionale e globale rappresentano un pericolo sempre più concreto. In maniera simile, la sicurezza nella sua dimensione economica può essere minacciata dalle dinamiche inerenti alla globalizzazione, o dalla cessazione del flusso di materie prime indispensabili ai paesi industrializzati. In campo politico e sociale, il collasso di uno Stato (come in Albania nel

1997) o l'acutizzarsi dei conflitti etnopolitici (come in Kosovo nel 1998) hanno ripercussioni ben oltre i confini dei singoli paesi, e quindi possono essere visti come minacce alla sicurezza. La politica viene inoltre messa sotto pressione dalla percezione che «è necessario fare qualcosa» per gestire o risolvere i conflitti ad alta intensità di violenza. La catastrofe jugoslava, il crollo dello Stato e la carestia in Somalia, il genocidio in Ruanda rappresentano in questo senso episodi emblematici degli ultimi anni.

Tuttavia, mentre la nozione di sicurezza si è andata evolvendo, gli strumenti a cui la politica della sicurezza si affida sono rimasti gli stessi: in primo luogo lo strumento militare. La combinazione tra la «nuova» sicurezza e il tradizionale approccio militare risulta però fatale: le dichiarazioni programmatiche in tema di sicurezza in occidente nel corso degli anni novanta prospettavano in diverse sfumature un ampliamento dell'impiego della forza militare ben al di là sia delle tradizionali esigenze della difesa territoriale, sia delle missioni di *peacekeeping* su mandato delle Nazioni Unite.

A conclusione di questo processo di ridefinizione del ruolo della difesa militare per gli stati occidentali si inserisce la grande rottura consumata dalla Nato nel concetto strategico del 1999, che non subordina in linea di principio gli interventi militari dell'Alleanza a un mandato delle Nazioni Unite, e che prefigura per il futuro operazioni simili a quella del Kosovo.

In sintesi, la ridefinizione (legittima) del concetto di sicurezza avrebbe dovuto portare a definire anche modalità nuove di azione, in particolare nel campo della prevenzione e della risoluzione dei conflitti internazionali con strumenti civili. Al contrario, le istituzioni militari ed in particolare la Nato hanno adottato il nuovo concetto «multidimensionale» della sicurezza per rilegittimare il proprio ruolo.

Il fallimento della strategia della minaccia e il costo enorme della guerra della Nato contro la Jugoslavia che ne è il risultato diretto costringono però a mettere in discussione il tipo di strumenti necessari a garantire la sicurezza delle nostre società nel secolo a venire.

Il dilemma dell'onnipotenza e l'illusione del controllo

Un paradosso che proviene dalle discussioni teologiche medievali afferma che se il Signore è onnipotente, allora non è buono né morale, in quanto non ha la volontà di impedire i mali del mondo o anzi ne è addirittura la fonte. Se invece è «buono», allora significa necessariamente che non è onnipotente, data l'esistenza del male.

Oggigiorno, di fronte ai conflitti ed alle violazioni dei diritti umani, si assume come presupposto la possibilità potenziale di intervenire in quasi ogni situazione: basta la sola volontà e il fatto che un intervento non comporti troppi «costi» o non si scontri con altri interessi, per esempio di tipo economico. Anche tra chi sostiene opinioni contrastanti sul ruolo che l'occidente deve assumere, sembra esservi una sorta di presupposto implicito, in realtà mai messo in discussione da nessuno, che consiste nel fatto che l'occidente non ha da gestire una sua eventuale impotenza, ma la sua *onnipotenza*.

Una delle piú frequenti argomentazioni usate per giustificare l'intervento contro la Serbia era l'impossibilità di «restare a guardare» senza fare nulla. Un'immagine che richiamava l'inazione quasi colpevole di fronte alla tragedia della guerra in Bosnia pochi anni prima. S'intende colpevole nel senso giuridico dell'omissione di soccorso, per cui una persona che *può* intervenire in aiuto, ma non lo fa (perché non *vuole*) è da considerarsi se non causa, certamente in una situazione di accondiscendenza ed è per questo moralmente condannabile ed eventualmente punibile. Il presupposto importante per questo giudizio, da valutare con attenzione in ogni situazione di omissione di soccorso, è se vi è veramente la possibilità dell'intervento, ovvero se l'eventuale intervento *migliora le cose e non le peggiora*. Questo presupposto viene dimenticato nel caso di una anomala sopravvalutazione della propria forza: sotto l'illusione di onnipotenza il non intervento diventa un male in sé peggiore di ogni forma di intervento, a prescindere dai suoi effetti.

Ciò ha la seguente conseguenza: un'entità «onnipotente» si trova di fronte ad *ogni* male del mondo in una situazione di possibile omissione di soccorso. Dovrebbe cioè intervenire in ogni momento. Nelle situazioni in cui ciò non accade si ridimensiona la capacità di influenza dell'occidente oppure si fa intendere implicitamente che un intervento non rientra nei suoi interessi (affermando che nessuno vuole essere un «poliziotto mondiale»). Accentuare il tono sulla propria incapacità comporta però un rischio, perché stimola i potenziali avversari a farsi coraggio. Dall'altra parte nessuno si azzarda troppo a decantare l'onnipotenza: un atteggiamento che a sua volta aumenterebbe l'ostilità e i pregiudizi. La diplomazia occidentale cerca spesso di stare in equilibrio tra questi due estremi, facendo capire che «se vuole, può».

A questa convinzione si lega un atteggiamento che invece di calmare le occasioni di escalation non fa che inasprirle: è l'illusione che con la minaccia e – laddove ritenuto necessario – l'impiego della violenza militare una parte esterna sia in grado di controllare le dinamiche e gli esiti di un conflitto locale. L'idea dell'onnipotenza è legata alla convinzione della possibilità (e dunque spesso al *dovere*) di avere tutto sotto controllo. Nel mondo degli anni novanta si tratta di una illusione, particolarmente per l'unica superpotenza rimasta: «Il fatto nuovo dell'ordine mondiale emergente è che, per la prima volta, gli Stati Uniti non possono né ritirarsi dal mondo né dominarlo» (Kissinger 1996, p. 174). Questa affermazione riguarda anche l'occidente nel suo complesso. La fiducia illimitata nel proprio ruolo di guida incontrastata e nelle proprie armi potenti tende spesso a far dimenticare i limiti reali. In Kosovo, la violenza etnica contro i serbi che nell'estate del 1999 continua ad avvenire nonostante la presenza delle truppe Nato smentisce l'idea che la sola presenza delle truppe occidentali risolva il problema, e mette in luce la persistenza dell'«illusione del controllo».

La mediazione: indispensabile e senza scorciatoie

L'esito catastrofico della conferenza di Rambouillet – un processo preparato male, quasi esclusivamente basato sulla strategia della minaccia e con non pochi aspetti moralmente indifendibili – impone di considerare in maniera approfondita le condizioni e gli strumenti appropriati per condurre interventi di mediazione internazionale.

Negli ultimi anni si è assistito ad una serie di processi negoziali e di mediazione che hanno condotto a risultati notevoli in situazioni considerate senza speranza: si pensi al Centroamerica, a diversi paesi dell'Africa australe, al Medio oriente e all'Irlanda del nord. Le conoscenze sull'argomento sono assai aumentate, e oggi siamo in grado di fare affermazioni piuttosto precise sulle risorse, sul tipo di competenze professionali e su alcune caratteristiche di base di un processo di mediazione. Ad esempio, viene generalmente affermato che un intervento di mediazione deve privilegiare le caratteristiche di processo, con un orizzonte temporale di medio termine, piuttosto che cercare di imporre soluzioni sostanziali spesso destinate a fallire in breve tempo.

In alternativa a Rambouillet, sarebbe stato possibile iniziare un processo negoziale a partire dalle esigenze concrete delle persone direttamente coinvolte nel conflitto, ovvero dalla popolazione serba, albanese e di altre etnie presente nel Kosovo. Si sarebbe potuta riattivare la diplomazia non ufficiale e coinvolgere le forze della società civile locale ed internazionale che nel corso degli ultimi anni avevano cercato il dialogo.

Superare la debolezza europea: un'agenda europea per la pace

Sono in particolare i mesi alla vigilia della guerra del Kosovo a far emergere la debolezza degli Stati europei: di fronte alla decisione dell'amministrazione Usa di perseguire una politica della minaccia per risolvere il conflitto, i governi europei ancora scettici vengono messi sotto pressione. In Germania ai neoeletti Fischer e Schroeder, ancora prima che entrino in carica, l'amministrazione statunitense concede dieci minuti per dare il proprio assenso ai raid aerei senza mandato del Consiglio di sicurezza.

La pressione riesce soprattutto perché avviene in maniera bilaterale: da una parte la superpotenza leader dell'Alleanza, dall'altra i piccoli Stati europei. Alcuni governi (in particolare in Germania e in Italia) vivono il problema addizionale di un forte complesso d'inferiorità e la necessità di dimostrare di «essere all'altezza»: D'Alema è il primo ex comunista a Palazzo Chigi, Fischer il primo ministro degli Esteri verde in Germania.

La guerra del Kosovo ha accelerato la ricerca di una politica estera e di sicurezza comune (Pesc), con la nomina dell'attuale segretario generale Nato Solana a «Mr. Pesc» al vertice europeo di Colonia nel giugno del 1999. Un maggiore coordinamento di fronte ai conflitti e ai grandi problemi della politica internazionale è certamente augurabile, anche per superare lo «stato di minorità» dei singoli governi europei rispetto all'alleato di oltreoceano. È indispensabile, però, che tale coordinamento non rimanga confinato all'ambito militare. L'incongruenza tra i problemi del sistema internazionale – nuove minacce alla sicurezza, conflitti etnopolitici – e il tradizionale strumento militare va superata con la formulazione di una *Agenda europea per la pace*, che fissi gli obiettivi, i limiti e gli strumenti di azione (soprattutto civili) dell'Unione europea nel sistema internazionale. Di particolare importanza sarà il sostegno – in termini di investimento politico e di risorse – e l'azione concertata all'interno delle grandi organizzazioni inclusive che possono dare un contributo essenziale alla sicurezza comune in tutta Europa e alla soluzione costruttiva dei conflitti rilevanti a livello internazionale: a livello globale le Nazioni Unite, a livello regionale l'Osce.

Una nota sulla pace in Kosovo

Con l'ingresso delle truppe della Nato in Kosovo termina la guerra dell'Alleanza contro la Jugoslavia, ma non il conflitto tra albanesi e serbi. Nelle prime settimane di vita della missione Kfor, la maggioranza degli abitanti di etnia serba scappa via dal Kosovo; si registrano numerosi episodi di omicidi, saccheggio e distruzione della proprietà dei serbi.

Il pendolo della storia nel 1999 volge finalmente a favore degli albanesi, pochi mesi dopo la piú grande catastrofe collettiva che l'etnia albanese in Kosovo abbia vissuto negli ultimi secoli. Lo status finale del Kosovo è ancora una questione aperta. La missione civile Onu/Osce, con il compito di ricostruire le istituzioni e avviare il processo di pace, non avrà vita facile. Decisivi saranno gli sviluppi di una de-escalation a livello regionale e soprattutto la possibile trasformazione del sistema politico in Serbia.

La guerra del Kosovo tra Nato e Jugoslavia è stata combattuta in nome del rispetto dei diritti umani. Nel prossimo futuro l'occidente dovrà riconsiderare il «dilemma dell'onnipotenza» in cui si trova e riconoscere che la strategia del controllo nei conflitti etnopolitici è un'illusione.

A questo proposito occorrerà dissuadere le parti piú deboli nei conflitti internazionali asimmetrici dall'escalare ulteriormente la situazione allo scopo di mettere in moto l'intervento della «cavalleria» Nato, e identificare strategie per incoraggiare gli Stati piú potenti in tali conflitti a perseguire soluzioni negoziate. Sarà necessario inoltre prevenire la globalizzazione del dilemma della sicurezza che la strategia adottata dalla Nato contro la Serbia corre il rischio di produrre.

L'esito della guerra, infine, mostra che l'unilateralismo collettivo scelto da Washington nei mesi a cavallo tra ottobre 1998 e marzo 1999 non è necessariamente in grado di risolvere un conflitto – o di imporre la volontà dell'occidente. La Nato e gli Stati Uniti, infatti, non hanno potuto fare a meno di ricucire alla meglio lo strappo con la Russia, accettando un ruolo di mediatore (e non solo di postino dell'Alleanza) da parte di Chernomyrdin, una risoluzione del Consiglio di sicurezza, un «piano di pace» sostenuto anche da Mosca e la presenza di truppe russe nel contingente di *peacekeeping* in Kosovo. Non siamo di fronte a una cooperazione stabile, né a una posizione assolutamente subordinata della Russia di fronte alla Nato.

La vittoria militare occidentale non ha neppure significato una capitolazione jugoslava senza condizioni. Anche l'unilateralismo collettivo dei paesi piú potenti del mondo si scontra con chiari limiti nell'imposizione della propria volontà.

Una conclusione aperta

Considerare dopo la guerra lo sbarazzamento di Milošević solo una questione interna della Jugoslavia è ipocrisia, dal momento che si è insistito sul fatto che il problema del Kosovo *non è* un puro affare interno (giustificando cosí l'intervento). Milošević è parte del problema del Kosovo. Supporre che ora sia compito dei cittadini jugoslavi risolvere tale problema significa accettare il rischio di una «soluzione irachena» (secondo un'espressione della politica d'opposizione Vesna Pešić): una situazione di preoccupazione per la propria sopravvivenza, per effetto delle distruzioni subite, può essere uno stimolo alla rivolta, ma può anche rendere quest'ultima ancor piú improbabile dando avvio, come appunto in Irak, ad una sorta di catastrofe umanitaria cronica e a bassa intensità[19]. Già nel periodo di uscita del presente testo le cose potrebbero svilupparsi nell'una o nell'altra direzione, ma questo non influirà sul fatto che l'atteggiamento attuale resta estremamente miope.

Questo tipo di atteggiamento rivela la vacuità dell'attuale retorica della «fine» degli Stati nazionali intesi tradizionalmente, un argomento che viene impugnato quando è opportuno. Di fatto i responsabili politici occidentali ragionano ancora sulla base di categorie nazionali e statuali. Questo spiega anche certe ambivalenze che si sono potute osservare durante la guerra, per esempio nel caso delle diserzioni dell'esercito jugoslavo, incoraggiate a voce, ma mai realmente sostenute: perché infatti *nessun* governo ha mai proposto di assicurare immediato asilo a chi

---

[19]   E a basso gradimento dei media.

disertava? Questo avrebbe contribuito a piegare ancor piú rapidamente un esercito che già aveva difficoltà nel reclutamento. Senza possibilità di espatriare, uomini di ogni età avevano solo la scelta tra la chiamata alle armi (e quindi il rischio di essere uccisi dalle bombe Nato) e il rifiuto di presentarsi, rischiando la corte marziale. Nonostante ciò dopo un mese dall'inizio dei bombardamenti Nato si calcola che piú di 50.000 uomini si fossero dati alla latitanza per evitare la precettazione forzata. Nonostante numerosi appelli di diverse organizzazioni (come l'Ufficio europeo per i gli obiettori di coscienza, o Amnesty International), nessun paese ha voluto farsi carico di altri rifugiati e soprattutto nessuno ha voluto inaugurare un precedente veramente innovativo. Nonostante gli imperativi morali, un disertore resta cosí un disertore, che non merita aiuto in quanto rimane, sotto sotto, un «traditore» della patria.

Terminata la guerra come evento mediale, l'attenzione si rivolge ad altri focolai di crisi: i problemi del Caucaso, l'India e il Pakistan, la Cina e Taiwan, l'Irlanda del Nord, Israele, l'Africa ecc. Sembra quasi di stare in attesa della prossima «sensazione». La domanda è se ogni volta vi è un aumento di esperienza e di lezioni che vengono tratte, oppure se si assiste alla continua ripetizione dello stesso schema, con la medesima sensazione di inevitabilità che ha accompagnato le recenti fasi del conflitto in Kosovo.

La tendenza verso «l'abitudine alla crisi» (o alla guerra) è un pericolo che può essere evitato con la continua riflessione critica sui presupposti e le dinamiche che stanno alla base della maggior parte dei conflitti violenti, e sull'elaborazione di strategie politiche appropriate. In questo senso la fine della guerra apre due possibili scenari opposti: lo sviluppo di una reale volontà politica e civile di difesa dei diritti umani basata sulla prevenzione, sulla mediazione e su un approccio inclusivo invece che esclusivo ai problemi della comunità internazionale, oppure un periodo di progressiva instabilità che rischia di fare del 21° secolo il teatro di altre «profezie che si autoavverano».

Bibliografia

Amnesty International (1991), *Further allegations of abuses by police in Kosovo province*, London, Eur/48/08/91.
Id. (1992), *Yugoslavia. Ethnic Albanians – Victims of torture and ill-treatment by police in Kosovo province*, London, EUR/48/18/92.
Id. (1993 b), *International monitoring in Kosovo and beyond: appeal to governments from Secretary General of Amnesty International*, London, Eur/70/23/93.
Id. (1993), *Kosovo province. Amnesty International's concerns*, London, Eur/70/01/93.
Id. (1998), *Ten recommendations to the Osce for human rights guarantees in the Kosovo Verification Mission*, London, AI Index Eur 70/86/98.
Id. (1999), *Kosovo. A decade of unheeded warnings. Amnesty International's concerns in Kosovo, May 1989 to March 1999*, London, Eur/70/39/99.
Arielli E., Scotto G. (1998), *I conflitti. Introduzione a una teoria generale*, Milano, Bruno Mondadori.
Benedikter T. (1998), *Il dramma del Kosovo. Dall'origine del conflitto fra serbi e albanesi agli scontri di oggi*, Roma, Datanews.
Berisha A.N. (1997), «Conoscenza della mentalità albanese e pratica della riconciliazione. La personalità di Anton Çetta», in *Religioni e società*, XII, 29, pp. 158-165.
Biermann W., Vadset M. (1998), *Un peacekeeping in trouble: lessons learned from the former Yugoslavia*, Aldershot, Ashgate.
Birckenbach H.M. (1996), *Preventive diplomacy through fact-finding*, Münster / Hamburg, Lit.

Blagojević M. (1998), «Kosovo: in/visible civil war», in: Th. Veremis / E. Kofos, *Kosovo: avoiding another Balkan war*,
Athens, Eliamep, pp. 239-310.

Bloed A. (1993 a), *The Conference on Security and Co-operation
in Europe. Analysis and basic documents 1972-1993*, Dor-
drecht / Boston / London: Kluwer Academic Publishers).

Id. (1993 b), «The Csce between conflict prevention and implementation review», in *Helsinki Monitor*, IV, 4, pp. 36-43.

Buzan B. (1991), *People, states and fear. An agenda for international security studies in the post-Cold War era*, New York *et
al.*, Harvester Wheatsheaf.

Calic M.J. (1995), *Der Krieg in Bosnien-Hercegovina. Ursachen,
Konfliktstrukturen, internationale Lösungsversuche*, Frank-
furt a.M., Suhrkamp.

Id. (1997), *Kosovo policy study*, Brussels / Ebenhausen: Stiftung
Wissenschaft und Politik / Conflict Prevention Network of
the European Commission.

Id. «Kosovo vor der Katastrophe?», in *Blätter für Deutsche und
Internationale Politik*, 4, pp. 404-410.

Caplan R. (1999), «International diplomacy and the crisis in
Kosovo», in *International Affairs*, 74, 4, pp. 745-762.

Cereghini M. (1997), *Il governo parallelo in Kosovo (1990 –
1995). Teoria politica della nonviolenza e studio di caso*, tesi
di laurea, a.a. 1996/97, Università degli Studi di Trento, fa-
coltà di Sociologia.

Id. (in stampa), *Il funerale della violenza. Teoria del conflitto
nonviolento e caso del Kosovo*, Gorizia, Isig.

Çetta A. (1997), «Focolai di pace», intervista da parte di una
delegazione italiana (agosto 1994), in *Religioni e Società*,
XII, 29, pp. 166-175.

Clark H. (1998), «Das Ende des gewaltfreien Widerstandes im
Kosovo», in *Gewaltfreie Aktion*, 30, 117/188, pp. 4-24.

Dempsey T.G. (1998), «Reasonable Doubt. The Case against
the Proposed International Criminal Court», in *Policy
Analysis*, Cato Institute, Washington, n. 311 (www.cato.
org/pubs/pas/pa-311.html).

Dpa (1999), «Ein Notbanksystem», in *Tageszeitung*, 16.06.1999.

Elsie R. (1997), *Kosovo: in the heart of the powder keg*, Boulder
(Co), East European Monograph.

Fubini F. (1999), «Il bacio di Madeleine, ovvero come (non) ne-
goziammo a Rambouillet», in *Limes*, 2/1999, pp. 17-34.

Galtung J. (1989), *Palestina e Israele. Una soluzione nonviolenta?*, Milano, Edizioni Sonda.

Glasl F. (1997), *Konfliktmanagement. Ein Handbuch für Führungskräfte, Beraterinnen und Berater*, Bern-Stuttgart, Paul Haupt-Freies Geistesleben, 5ª ed.

Grum O. (1989), «Dumdumgeschosse gegen Albanern», in *Tageszeitung*, 18.05.1989 (traduzione dal settimanale sloveno *Mladina*).

Habermas J. (1999), «Bestialität und Humanität. Ein Krieg an der Grenze zwischen Recht und Moral», *Die Zeit*, 18, 29.4.1999.

Heine R. «Mit einseitigem Kurs gegen Serben die Friedenschancen verspielt», *Berliner Zeitung*, 25 giugno 1999.

Hofmann G. (1999), «Wie Deutschland in den Krieg geriet», *Die Zeit*, 20, 12 maggio 1999.

Horvat B. (1988), *Kosovsko pitanje*, Zagreb, Globus.

I Documenti del Pentagono (1971), a cura di N. Sheenan *et al.*, Milano, Garzanti.

International Crisis Group (1998), «Kosovo's long hot summer. Briefing on military, humanitarian and political development in Kosovo», www.crisisweb.org.

Islami H. (1997), «Realtà demografica del Kosovo», in *Religioni e società*, XII, n. 29, pp. 39-57.

Janjić D. (1997), «Identità nazionale, movimento e nazionalismo dei Serbi e degli Albanesi», in *Religioni e società*, XII, n. 29, pp. 58-85.

Janjić D., Maliqi S. (1994), *Conflict or dialogue. Serbian-Albanian relations and integration of the Balkan. Studies and essays*, Subotica.

Kissinger H. (1996), «The new world order», in Chester A. Crocker, Fen Osler Hampson, Pamela Aall, *Managing global chaos. Sources and responses to international conflict*, Washington, United States Institute for Peace, pp. 173-182.

Kofos E. (1998), «The two-headed "Albanian question": reflections on the Kosovo dispute and the Albanians of Fyrom», in Thanos Veremis, Evangelos Kofos, *Kosovo: avoiding another Balkan war,* Atene, Eliamep, pp. 43-98.

Kullashi M. (1997), «La Jugoslavia e la "storia serba violata"», in *Religioni e società* XII, n. 29, pp. 106-120.

Kursbuch: Schluß mit der Moral (1999), Berlin, Rowolt.

Kusovac Z. (1998), «Another Balkans bloodbath?», in *Jane's Intelligence Review*, 2, pp. 13-16.

L'Abate A. (1997), «È ancora possibile evitare l'esplosione del Kosovo? Una analisi comparativa delle proposte», in *Alba-*

nia. Tutta d'un pezzo, in mille pezzi... e dopo? Futuribili, 2-3, pp. 227-245.

Id. (1997 b), *Prevenire la guerra nel Kosovo per evitare la destabilizzazione dei Balcani. Attività e proposte della diplomazia non ufficiale*, Quaderni della Difesa Popolare Nonviolenta, n. 33, Molfetta, La Meridiana.

Id. (1998), «Un'altra Bosnia», in *Mosaico di pace*, gennaio 1998.

Id. (1999), *Kosovo: una guerra annunciata. Attività e proposte della diplomazia non ufficiale per prevenire la destabilizzazione dei Balcani*, Molfetta, La Meridiana.

Lederach J.P. (1997), *Building Peace. Sustainable reconciliation in divided societies*, Washington, United States Institute for Peace.

Limes (1999), «Che cosa ci faceva l'Osce in Kosovo?», in *Limes*, 2/1999, pp. 35-50.

Maliqi S. (s.a. 1998?), *Kosovo. Alle radici del conflitto*, Nardò (Le), Besa.

Nevola G. (1994), *Conflitto e coercizione. Modello di analisi e studio di casi*, Bologna, Il Mulino.

Øberg J. (1999), «The Nato war, the ethnic cleansing: is there a way out?», in *Tff Press Info n. 70*, Lund,Tff.

Pantić D. (1991), «Nacionalna distanca gradjana Jugoslavije», in *Jugoslaviaja na kriznoj prekretnici*, Beograd.

Pashko G. (1998), «Kosovo: facing dramatic economic crisis», in Th. Veremis, E. Kofos, *Kosovo: avoiding another Balkan war*, Athens: Eliamep, pp. 329-356.

Peleman J. (1999), «Gli stati-mafia: dietro le quinte dei regimi balcanici», in *Kosovo, l'Italia in guerra*, suppl. al n. 1/99 di *Limes*, pp. 59-72.

Salvoldi G., Salvoldi V., Gjergji L. (1997), *Kosovo. Un popolo che perdona*, Bologna, Emi.

Schweitzer C. (1999), *Krieg und Vertreibung im Kosovo – Ist die Nato Brandstifter oder Feuerwehr?*, Arbeitspapier Nr. 11, Wahlenau: Institut für Friedensarbeit und Gewaltfreie Konfliktaustragung.

Sharp G. (1996), *Politica dell'azione nonviolenta, vol. III: la dinamica*, Torino, Ega.

Simić P. (1999), «Die Amerkaner wollten nicht hören», *Die Zeit*, 20, 12 maggio 1999, p. 20.

Id. (1998), «The Kosovo and Metohia problem and regional security in the Balkans», in Th. Veremis, E. Kofos, *Kosovo: avoiding another Balkan war*, Athens, Eliamep, pp. 173-206.

Sisci F. (1999) «Washigton e Pechino in rotta di collisione», *Limes*, 2/99, pp. 177-182.

Snyder G.H., Diesing P. (1977), *Conflict among nations. Bargaining, decision making, and system structure in international crises*, Princeton, Princeton Univ. Press.

Sofos S.A., «Nationalism, mass communications and public rituals in former Yugoslavia: the case of Serbia», in *Contemporary Politics*, 2, 1/1996, pp. 123-132.

Surroi V. (1998), Kosova and the constitutional solutions, in Th. Veremis, E. Kofos, *Kosovo: avoiding another Balkan war*, Athens, Eliamep, pp. 145-172.

Tageszeitung (1988), «Machtlos gegen Vorurteile», in *Tageszeitung*, 22 settembre 1988.

Tetlock P.E., Aaron Belkin (1996), *Counterfactual thought experiments in world politics: logical, methodological, and psychological perspectives*, Princeton, Princeton Univ. Press.

The Truth on Kosova (1993), ed. Academy of Sciences of the Republic of Albania, Institute of History, Tirana, Encyclopaedia Publishing House.

Tindemans L. *et al.* (1996), *Unfinished peace. Report of the international Commission on the Balkans*, Washington: Carnegie Endowment for International peace - Berlin, Aspen Institute.

Troebst S. (1998), *Conflict in Kosovo: failure of prevention? An analytical documentation, 1992-1998*, Flensburg, European Centre for Minority Issues.

Id. (1999), The Kosovo War, Round One: 1998, *Südosteuropa*, 48, 3-4/1999, pp. 156-190.

Id. (1999), «Szenenwechsel: von der Makedonischen Frage zur Albanischen Frage – und wieder zurück?», in Thomas Schmid (a cura di), *Krieg im Kosovo*, Hamburg, Rowohlt, pp. 177-194.

Ujdi, Udruženje za Jugoslovensku Demokratsku Inicijativu (1990), *Kosovski Èvor: Dre iti ili Seæi?*, Beograd, Chronos

Ulisse (pseud., 1999), «Gli americani hanno sabotato la missione dell'Osce», in *Limes*, supplemento al n. 1/99, pp. 103-108.

Veremis T. (1998), «The Kosovo puzzle», in Th. Veremis, E. Kofos (a cura di), *Kosovo: avoiding another Balkan war*, Athens, Eliamep, pp. 17-42.

Veremis T., Kofos E. (a cura di), *Kosovo: avoiding another Balkan war*, Athens, Eliamep.

Weller M. (1999), «The Rambouillet conference on Kosovo», *International Affairs* 75, 2, pp. 211-251.

213

Woodward, Susan (1995), *Balkan tragedy: chaos and dissolution after the Cold War*, Washington DC, Brookings Inst.

Zumach A. (1999 b), «Bomben wären unnötig gewesen», in *Tageszeitung*, 01.06.1999.

Id. (1999), «80 Prozent unserer Vorstellungen werden durchgepeitscht. Die letzte Chance von Rambouillet und die Geheimdiplomatie um den 'Annex B'», in Thomas Schmid (a cura di), *Krieg im Kosovo*, Hamburg, Rowohlt, p. 63-81.

Primo piano

Paolo Rumiz
Maschere per un massacro
Quello che non abbiamo voluto sapere della guerra
in Jugoslavia
introduzione di Claudio Magris

Piero Sansonetti
I due volti dell'America
Gli Stati Uniti tra capitalismo selvaggio e Stato sociale

Andrea Barbato
Come si manipola l'informazione
Il maccartismo e il ruolo dei media
prefazione di Furio Colombo

Angelo Del Boca
I gas di Mussolini
Il fascismo e la guerra d'Etiopia
con contributi di Giorgio Rochat, Ferdinando Pedriali
e Roberto Gentilli

Giancarlo Ferrero
Come uscire da Tangentopoli
Il fallimento delle istituzioni e il ritorno alla legalità

Alessandro Galante Garrone
L'Italia corrotta 1895-1996
Cento anni di malcostume politico

Felice Froio
Le mani sull'università
Cronache di un'istituzione in crisi
prefazione di Raffaele Simone

Antonio Rubbi
Con Arafat in Palestina
La sinistra italiana e la questione mediorientale

Mario Portanova, Giampiero Rossi, Franco Stefanoni
Mafia a Milano
Quarant'anni di affari e delitti
prefazione di Nando dalla Chiesa

Saverio Tutino
Guevara al tempo di Guevara
1957-1967

Carlo Palermo
Il quarto livello
Integralismo islamico, massoneria e mafia. Dalla rete nera
del crimine agli attentati al Papa nel nome di Fatima

Riccardo Cristiano, Umberto De Giovannangeli
L'enigma Netanyahu
Israele, la questione palestinese e i rischi per la pace

Benigno (Dariel Alarcón Ramírez)
La rivoluzione interrotta
Memorie di un guerrigliero cubano

Luciano Barca
Da Smith con simpatia
Mercato, capitalismo, Stato sociale

Giuseppe Tamburrano
Ma l'Italia è una vera democrazia?
Politica informazione giustizia in un'epoca di transizione

Mario Gozzini
La giustizia in galera?
Una storia italiana

Chiara Valentini
Berlinguer
L'eredità difficile

Adalberto Minucci
Sinistra senza classi
Il conflitto sociale nell'era dell'economia globale

Walter Leszl
Priebke
Anatomia di un processo

Giulietto Chiesa
Russia addio
Come si colonizza un impero

Mario Alighiero Manacorda
Perché non possiamo non dirci comunisti
Cosa resta della piú grande illusione del secolo

Umberto Terracini
Come nacque la Costituzione
Le origini della nostra repubblica nel racconto di un protagonista
intervista di Pasquale Balsamo
prefazione di Paolo Barile

Paolo Griseri, Massimo Novelli, Marco Travaglio
Il processo
Storia segreta dell'inchiesta Fiat tra guerre, tangenti e fondi neri
prefazione di Giuseppe Turani

Augusta Forconi
Parola da Cavaliere
Il linguaggio di Berlusconi dal tempo del potere al tempo
dell'opposizione
prefazione di Raffaele Simone

Giuseppe Cotturri
La transizione lunga
Il processo costituente in Italia dalla crisi degli anni settanta
alla Bicamerale e oltre

René Báez
Messico zapatista
Marcos e il risveglio del Chiapas
a cura di Roberto Bugliani

Paolo Rumiz
La linea dei mirtilli
Storie dentro la storia di un paese che non c'è piú
prefazione di Demetrio Volcic

Franco Ferrarotti
Il cadavere riluttante
La difficile transizione dalla vecchia alla nuova Italia

Edoardo Amaldi
Da via Panisperna all'America
I fisici italiani e la seconda guerra mondiale
con una premessa di Ugo Amaldi
a cura di Giovanni Battimelli e Michelangelo De Maria

Paolo Rumiz
La secessione leggera
Dove nasce la rabbia del profondo Nord

Michail Gorbaciov
Riflessioni sulla rivoluzione d'Ottobre
Dal Palazzo d'Inverno alla perestrojka

Mario Agostinelli, Carla Ravaioli
Le 35 ore
La sfida di un nuovo tempo sociale

Nino Galloni
L'occupazione tradita
Come il capitalismo affossa il mercato

Franco Stefanoni
Manicomio Italia
Inchiesta su follia e psichiatria
prefazione di Giuseppe Dell'Acqua

Giorgio Cremaschi, Marco Revelli
Liberismo o libertà
Dialoghi su capitalismo globale e crisi sociale
a cura di Gabriele Polo

Daniele Biacchessi
Il caso Sofri
Cronaca di un'inchiesta

Alfredo Carlo Moro
Storia di un delitto annunciato
Le ombre del caso Moro

Adriano Ossicini
Il fantasma cattocomunista e il sogno democristiano
prefazione di Romano Prodi

Ernesto Toaldo
Il ritorno di Confucio
L'enigma del miracolo asiatico

Samia Labidi
Karim, mio fratello terrorista
Dentro i meccanismi dell'integralismo islamico

Edo Parpaglioni
C'era una volta «Paese sera»
L'avventura di un giornale diverso
prefazione di Piero Ottone

Jonathan C. Randal
I curdi
Viaggio in un paese che non c'è

Daniela Minerva
La leggenda del santo guaritore
Il caso Di Bella: una storia italiana

Achille Occhetto
Governare il mondo
La nuova era della politica internazionale

Paolo Mancini
La principessa nel paese dei mass media
Lady Diana e le emozioni della modernità

Pepe Rodríguez
Verità e menzogne della Chiesa cattolica
Come è stata manipolata la Bibbia
prefazione di Mario Alighiero Manacorda

Gilles Martinet
La sinistra al potere
Dal Fronte popolare a Jospin

Carlo Palermo
Il Papa nel mirino
Gli attentati al pontefice nel nome di Fatima

Paolo Crepet, Francesco Florenzano
Il rifiuto di vivere
Anatomia del suicidio

Giancarlo Zizola
La riforma del papato
Il nuovo cattolicesimo alle soglie del Duemila

Gianni Rocca
Caro revisionista ti scrivo...

Isaia Sales
Il sud al tempo dell'euro
Una nuova classe dirigente alla prova
prefazione di Carlo Azeglio Ciampi

Daniele Biacchessi
L'ambiente negato
Viaggio nell'Italia dei dissesti
presentazione di Edo Ronchi
postfazione di Ermete Realacci

Giovanni Bianchi
I mulini degli dei
I cattolici nella transizione

Mario Alighiero Manacorda
Scuola pubblica o privata?
La questione scolastica tra Stato e Chiesa

Italo Moretti
Innocenti e colpevoli
Cronache da tre mondi

Patrick Forestier
Confessioni di un terrorista algerino
La sconvolgente testimonianza di un emiro del Gia
in collaborazione con Ahmed Salam

Lina Tamburrino
Il silenzio del Tibet
Conflitti e drammi tra Pechino e Lhasa
con un'intervista al Dalai Lama

Bruno Luverà
I confini dell'odio
Il nazionalismo etnico e la nuova destra europea
prefazione di Lucio Caracciolo

Finito di stampare nel mese di ottobre 1999
per conto degli Editori Riuniti
dalla Legatoria del Sud